Ramses II.

mit Selbstzeugnissen und Bilddokumenten
dargestellt von Hermann A. Schlögl

Rowohlt

rowohlts monographien begründet von Kurt Kusenberg herausgegeben von Wolfgang Müller

Redaktion: Uwe Naumann
Redaktionsassistenz: Katrin Finkemeier
Umschlaggestaltung: Walter Hellmann
Vorderseite: Einer der vier Kolosse Ramses' II.
vom Großen Tempel bei Abu Simbel
Rückseite: Ramses II. und sein Kronprinz Amunherchepeschef
bei der rituellen Wildstierjagd.
Relief im Tempel Sethos' I. in Abydos
Frontispiz: Kopf einer der Kolossalstatuen Ramses' II.
vor dem Ptah-Tempel in Memphis; errichtet
von Chaemwese. Granit

Originalausgabe
Veröffentlicht im Rowohlt Taschenbuch Verlag GmbH,
Reinbek bei Hamburg, Mai 1993
Copyright © 1993 by Rowohlt Taschenbuch Verlag GmbH,
Reinbek bei Hamburg
Alle Rechte an dieser Ausgabe vorbehalten
Satz Times PostScript Linotype Library, PM 4.2
Langosch Grafik +DTP, Hamburg
Gesamtherstellung Clausen & Bosse, Leck
Printed in Germany
ISBN 3 499 50425 1

3. Auflage. 12. – 14. Tausend April 2000

Inhalt

Ramses II. mit Pfeil und Bogen über Feinde hinwegschreitend.
Relief an der Außenmauer des Luxor-Tempels

Ramses besucht Paris

Am 26. September 1976 nachmittags gegen 17 Uhr landete auf der französischen Militärbasis du Bourget nahe bei Paris eine aus Kairo kommende Transall-Maschine. Das Flugzeug hatte einen illustren Passagier an Bord: Ramses II., König von Ägypten, dem die Geschichte den Beinamen «der Große» verliehen hat und der sein Land 1279 bis 1213 v. Chr. regierte.

Die Mumie des vor über drei Jahrtausenden Verstorbenen wurde mit Salutschüssen der «Garde républicaine» begrüßt. Als Vertreter des Präsidenten der Republik war die Ministerin für Unterricht Madame Saunier-Seité erschienen ebenso wie ein fast hundertköpfiges Team von französischen und ägyptischen Wissenschaftlern verschiedenster Disziplinen, das die Aufgabe hatte, den Leichnam des Königs in den kommenden Monaten eingehend zu untersuchen. Nach dem feierlichen Empfang auf dem Flughafen wurde die Mumie Ramses' II. nach Paris in das Musée de l'Homme verbracht, wo unter der Leitung von Lionel Balout ein eigenes Laboratorium eingerichtet worden war. Die «Opération Ramsès II», die bis zum Frühjahr 1977 dauern sollte, konnte beginnen. Keiner ägyptischen Mumie wurde je eine so gründliche Untersuchung zuteil, und die Ergebnisse erbrachten zahlreiche Aussagen über die körperliche Verfassung des Herrschers und die vermutliche Ursache seines Todes: Ramses war annähernd 90 Jahre alt, als er starb. In den letzten Lebensjahren litt er an einer Gelenkentzündung, die ihm quälende Schmerzen bereitet und seine Bewegungsmöglichkeit stark beeinträchtigt haben muß. Die Todesursache aber scheint eine durch Zahnabszesse hervorgerufene Blutvergiftung gewesen zu sein.

Die Körpergröße des Königs betrug 1,73 Meter, die Farbe seiner Kopfhaare war rot, später, als seine Haare grau wurden, hat er sie mit Henna gefärbt.[1]

Wie spektakulär der Pariser Aufenthalt Ramses' II. auch war, so hatte der altägyptische Herrscher zu Ende des 19. Jahrhunderts für noch größeres Aufsehen gesorgt, denn es war eine archäologische Sensation ersten Ranges, als man im Juli 1881 seine Mumie in einem versteckten Grab in Der el-Bahari, Theben-West, südlich des berühmten Terrassentempels der Königin Hatschepsut zusammen mit anderen Königsmumien fand.

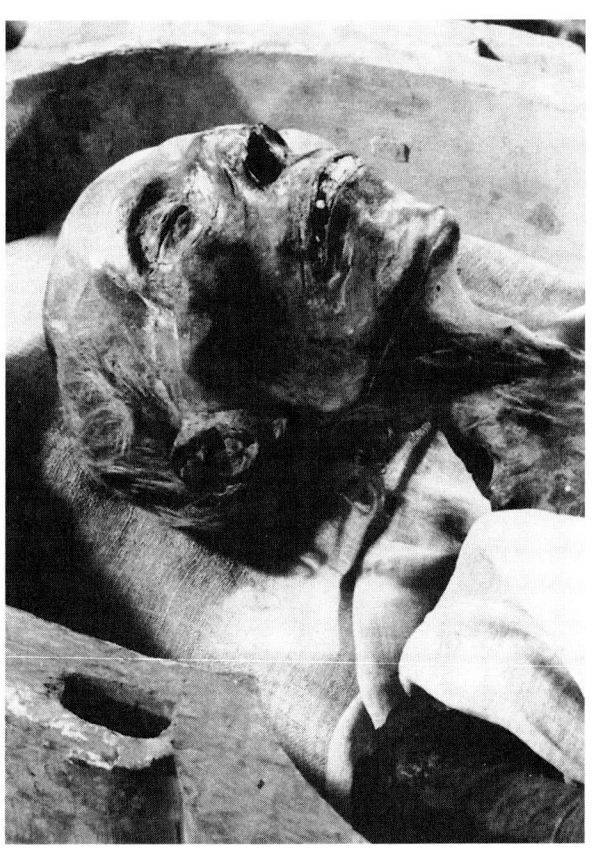

Kopf der Mumie Ramses' II.

Das Grab hatte eigentlich ein Araber namens Ahmed Abd er-Rasul, ein Einwohner des nahegelegenen Dorfes Kurna, schon zehn Jahre früher entdeckt, und zwar nicht zufällig, sondern auf der Suche nach verborgenen antiken Schätzen.[2] Abd er-Rasul fand das Grab voll mit aufeinandergestapelten Särgen, Kästen mit Totenfiguren (Uschebti), Götterstatuetten aus Holz, Skarabäen und anderem mehr. Diese wundervolle Entdeckung wollte der Araber aber auf jeden Fall geheimhalten und machte davon nur zwei Brüdern und einem seiner Söhne Mitteilung, mit deren Hilfe er einige Tage später verschiedene Särge öffnete und die darin liegenden, mit Binden versehenen Mumien auswickelte. Fundstücke, die sich leicht transportieren ließen, wurden dann an Touristen verkauft und verließen auf diesem Weg das Land. Von 1874 an tauchten so immer mehr Gegenstände aus dem Grab im Pariser Kunsthandel auf und erregten die Aufmerksamkeit des französischen Ägyptologen Gaston Maspero (1846–1916), der für die ägyptische Altertümerverwaltung tätig war. Maspero vermutete sogleich, daß Schatzsucher ein bisher unbekanntes Pharaonengrab entdeckt hätten, dessen Inhalt sie nun Stück für Stück verkauften.

Um dem Geheimnis auf die Spur zu kommen, reiste er im Frühjahr 1881 nach Luxor und stellte Nachforschungen in Theben-West an, wobei schon bald Abd er-Rasul in den Verdacht geriet, der Grabschänder zu sein. Er wurde verhaftet und peinlich verhört, leugnete aber alles und wurde schließlich nach längerer Haftzeit wieder auf freien Fuß gesetzt, da ihm nichts nachzuweisen war. Nach einem Familienstreit – man fürchtete, daß schließlich doch die Wahrheit herauskäme – stellte sich aber der älteste der Brüder, Mohamed Abd er-Rasul, der Behörde und gab das Geheimnis preis.

Schon nach elf Tagen erreichte eine offizielle Kommission, in der sich auch der Deutsche Emil Brugsch (1842–1930), jüngerer Bruder des bedeutenden Ägyptologen Heinrich Brugsch (1827–1894), befand, unter Führung von Mohamed Abd er-Rasul das versteckte Grab. Es war ein heißer Tag im Juli, als man zuerst in einen zwölf Meter tiefen, senkrechten Schacht einstieg; dann folgte ein schmaler, ca. 70 Meter langer horizontaler Gang, den man teilweise nur kriechend passieren konnte und der schließlich in eine Grabkammer mündete. Schon der Gang war angefüllt mit Gegenständen, die zu altägyptischen Grabausrüstungen gehören, und Särgen. Darunter erkannte Brugsch die von Ramses I. und Sethos I., Großvater und Vater von Ramses II., sowie den von Ramses II. und die Särge anderer berühmter Pharaonen.

Die Kunde von dem sensationellen Fund verbreitete sich in Windeseile unter der einheimischen Bevölkerung, und das Gerücht machte die Runde, daß ein gewaltiger Goldschatz entdeckt worden sei.

Die Kommission beeilte sich nun, das Grab sofort auszuräumen und die Fundstücke nach Luxor auf einen bereitgestellten Dampfer zu verbringen. Mit 200 schnell verpflichteten Helfern gelang die Arbeit bei größter Hitze in nur 48 Stunden. Auf der Fahrt nach Kairo säumten zahlreiche, aus den umliegenden Dörfern herbeigeeilte Menschen die Ufer des Nilflusses, die, als der Dampfer vorbeifuhr, den alten Königen Ägyptens ihren Respekt zollten, indem die Männer Schüsse aus ihren Gewehren abfeuerten und die Frauen die Totenklage anstimmten.

In Kairo angekommen, begann die wissenschaftliche Aufarbeitung des bedeutenden Fundes.

Heute wissen wir, daß jenes Grab schon um 1550 v. Chr., also lange vor der Zeit Ramses' II., für eine Königin namens Inhapi angelegt wurde und Jahrhunderte später, in der 21. Dynastie, genau im Jahre 974 v. Chr., als

Talkessel von Der el-Bahari. Der Pfeil weist auf das versteckte Grab, die Fundstätte der Mumie Ramses' II.

Begräbnisstätte für Neschons, Frau des Hohenpriesters des Amun, Pinodjem II., diente. Pinodjem II. starb fünf Jahre später und sollte ebenfalls dort bestattet werden. Die Aufschriften auf den königlichen Särgen berichten, daß drei Tage vor der Grablegung des Pinodjem II. die Mumie Ramses' I., Sethos' I. und Ramses' II. vom «Tal der Könige», der Begräbnisstätte zahlreicher ägyptischer Herrscher, herbeigeholt und am gleichen Tag zusammen mit dem Hohenpriester beigesetzt wurden.

Die Umbettung der Pharaonenmumien erfolgte vor allem aus Sicherheitsgründen: Das Grabräuberwesen hatte um 1000 v. Chr. so sehr zugenommen, daß kaum eine Königsmumie in ihrem eigenen Grab sicher war; nach dem Willen der verantwortlichen Priester der 21. Dynastie sollte das versteckte Felsgrab in Der el-Bahari von nun an die Verstorbenen vor der Habgier der Lebenden schützen. Die Wahl war gut: Für fast drei Jahrtausende waren die Toten in Sicherheit.

Ägypten und Nubien

Mittelländisches Meer

Unterägypten

Auaris • Tanis
• Piramesse

Giza • Heliopolis
Sakkara •
Memphis •

Fayum

Sinai

Oberägypten

Hermopolis •
• Tell el-Amarna

Assiut •

• Achmim

Abydos • • Dendera

Der el-Bahari • Wadi Hammamat
Hermonthis • Theben/Luxor

Esna • • Elkab

Edfu •

• Gebel Silsile
• Kom Ombo

Elephantine • • Assuan
Erster Katarakt

Rotes Meer

Bet el-Wali •

Unter-Nubien

Gerf Hussein •
• Quban

Wadi Sebua •
• Derr

Abu Simbel •

Buhen •

Zweiter Katarakt

Semna •

Ober-Nubien

• Amara

Soleb •
Sesebi •

Vom richtigen Handeln

Die ägyptische Kultur wurde durch die Religion geprägt und bestimmt, in die das Königtum fest eingebunden war. Es erscheint deshalb unmöglich, einen Pharao in seiner Stellung und Funktion ohne gewisse Kenntnisse der Religion zu verstehen. So soll das nachfolgende Kapitel kurz über das Wesen der ägyptischen Götterwelt und über die Jenseitsvorstellungen informieren.

Im Gegensatz zu Christentum, Judentum oder Islam ist die ägyptische Religion keine Offenbarungsreligion, in der sich der Gott selbst enthüllt und vermittelt, sondern sie ist durch Mythen bestimmt: In allem, was der Ägypter auf der Erde oder am Himmel sah, konnte sich die Macht eines Gottes oder einer Göttin manifestieren, und so gab es Hunderte von göttlichen Wesen, die den Raum der Götter – im Himmel oder in der Unterwelt – bevölkerten. Trotz dieses Polytheismus war andererseits aber auch die Vorstellung von einem großen, einzigartigen Gott im Volk lebendig, mit welchem dann meist der Sonnengott Re identifiziert wurde.[3] Doch konnte diese Einzigartigkeit auch auf andere Gottheiten übertragen werden. Die Vielzahl der übrigen Götter blieb gleichzeitig notwendig, denn sie erleichterte den Menschen eine Annäherung und machte die Götter ansprechbar. Die Götter aber waren wie die Menschen einem Alterungsprozeß unterworfen, konnten sterben und bedurften der Regeneration[4], so daß in der Vorstellung der Ägypter die Schöpfung nicht ein einmaliger Akt gewesen ist, sondern ständiger Erneuerung bedurfte.

Beide, Götter und Menschen, vereinte die Verpflichtung auf die Maat, ein Wort, das oft mit «Wahrheit» übersetzt wird, aber einen so vielschichtigen Inhalt hat, daß es in unserer Sprache nicht durch ein einziges Wort ausgedrückt werden kann. Maat verkörpert die Weltordnung, die der Schöpfergott bei der Schaffung der Welt gesetzt hat, bedeutet das Gegenteil von Chaos, beinhaltet Gerechtigkeit und Gesetzmäßigkeit.[5] Der Ägypter hat diesen Begriff personalisiert in der Gestalt der Göttin Maat, die als Tochter des Sonnengottes Re galt. In der Kunst wird sie als Frau dargestellt, die auf dem Kopf als Scheitelattribut eine Straußenfeder trägt.

Doch nicht nur die Maat in die Tat umzusetzen war Aufgabe von Göttern und Menschen, sondern sie waren auch verpflichtet, die bösen Mäch-

Sethos I., ein Maat-Figürchen darbringend. Abydos, Tempel Sethos' I.

te abzuwehren, welche die Schöpfung permanent bedrohten: Sünde, Ungerechtigkeit, Lüge, Gewalt, Krieg und Tod – Begriffe, die der Ägypter mit dem Wort «Isefet» bezeichnete.[6]

Als Stellvertreter des Sonnengottes Re auf Erden wirkte der König. Er war Garant dafür, daß die Maat im Diesseits herrschte, indem er für Moral und Recht eintrat und die Götter durch Gottesopfer und die seligen Verstorbenen durch Totenspeisung zufriedenstellte.[7] Natürlich war der König gezwungen, diese großen Aufgaben zu delegieren, so an die beiden

13

Vezire, die höchsten Verwaltungsbeamten des Landes, an Priester und Staatsdiener, ja an alle seine Untertanen. So wird die Verwirklichung der Maat zum Werk des ganzen Volkes.

Ihre Realisierung wird auch in Tempelbildern immer wieder dargestellt: Wir sehen den König, wie er der Gottheit ein Bild der Göttin Maat darbringt und damit signalisiert, daß er den Auftrag der Maat-Verwirklichung auf Erden übernommen hat. In einem Hymnus auf Ramses II., der in einer Bauinschrift in Abydos erhalten ist, heißt es vom König:

«Der die Maat liebt und von ihr lebt,

seine Gesetze sind es,

die die beiden Ufer [Ägypten] bewahren.»[8]

Dabei wußte der Ägypter, daß es die Maat in ihrer reinsten Form, wie sie am Tage der Weltschöpfung gewesen war, nicht mehr gab. Überall hatte sich das Böse, die Isefet, ausgebreitet und war nicht mehr zu vertreiben. Unrecht, Lüge, Krieg und Tod waren ein fester Bestandteil dieser Welt. In einem bedeutenden literarischen Text, den wir den «Mythos von der Himmelskuh»[9] nennen – eine Version davon ist übrigens an den Wänden einer Seitenkammer im Grab König Ramses' II. im Tal der Könige aufgezeichnet –, wird die Unvollkommenheit der Welt gedeutet.

Der Mythos erzählt, wie in einer fernen Vergangenheit der Sonnengott Re selbst als König über Götter und Menschen herrschte, die zu dieser Zeit noch zusammen wohnten. Aber die Menschen empörten sich gegen den alt gewordenen Sonnengott. Da wurde eine Götterversammlung einberufen, die beschloß, die rebellische Menschheit zu vernichten. So schickte der Sonnengott Re sein todbringendes Auge in Gestalt der Göttin Hathor aus, um die Menschen von der Erde zu vertilgen, doch als ein Teil von ihnen getötet worden war, erbarmte sich Re und bewahrte die übrigen vor der Vernichtung. Seine Enttäuschung aber war so groß, daß er auf eine weitere irdische Herrschaft verzichtete und sich auf dem Rücken der Himmelskuh zum Himmel entfernte. Im Original heißt es dann: «Diese Menschen … erblickten ihn auf dem Rücken der Kuh. Da sprachen diese Menschen zu ihm: ‹Die anderen haben sich empört! Komm zu uns, damit wir deine Feinde zu Fall bringen, die gegen den Anschläge ersonnen haben, der sie geschaffen hat.› Aber seine Majestät begab sich zu seinem Palast auf dem Rücken dieser Kuh, er kam nicht zu ihnen, und so war die Welt in Finsternis. Als aber die Welt wieder hell geworden war, am frühen Morgen, da waren die Menschen ausgezogen mit ihren Bogen, um gegen die Feinde zu schießen. Da sprach die Majestät ihres Gottes: ‹Böses laßt ihr euch zuschulden kommen, ihr Blutvergießer – fern bleibe das Gemetzel von euch!› Das ist der Ursprung des Krieges unter den Menschen.»[10]

Durch die sündigen, verblendeten Menschen hatte sich die Welt verändert: Der Himmel war über die Erde gehoben, es gab nun den Wechsel von Tag und Nacht. Die Götter hatten der Erde den Rücken gekehrt, und die von ihnen verlassenen Menschen brachten sich gegenseitig um.

Ramses II. vor der Göttin Seschat (= Göttin der Schrift) und dem Gott Osiris.
Abydos, Tempel Sethos' I.

Allein durch den Tod kam es von nun an zu einer direkten Begegnung
des Menschen mit den Göttern. Man glaubte, daß sich jeder Verstorbene
dem Jenseitsgericht stellen mußte, dessen oberster Richter der Herrscher
des Totenreiches, Osiris, war. Noch heute gehört Osiris zu den bekanntes-
sten Göttern des altägyptischen Pantheons. In der Spätantike hat sich
sein Kult über alle Länder des Mittelmeeres ausgebreitet, ja mit den rö-
mischen Legionen kamen Statuetten des Gottes sogar bis in die entlegen-
sten Teile der damaligen Welt. Die große Verehrung, die Osiris bei so
vielen nichtägyptischen Menschen fand, war eng mit seinem Schicksal,
seinem Tod und seiner Auferstehung, verknüpft[11]: Osiris wurde von der
Hand seines eigenen Bruders Seth getötet, der danach den Herrscher-
thron bestieg, welchen Osiris zuvor innehatte. Die Schwester und auch
Gemahlin des getöteten Gottes, Isis, beklagte und betrauerte das Los ihres Gatten mit solcher Kraft und Intensität, daß sie den Verstorbenen soweit zum Leben erwecken konnte, um von ihm das Kind Horus zu empfangen, das später als Rächer seines Vaters auftreten sollte. Die wirkliche
Auferstehung des Osiris vollzog sich aber im Jenseits, in Ägypten oft nur
als «Westen» bezeichnet, wo er zum Herrscher des Totenreiches wurde.
Um den Nachstellungen des Seth zu entgehen, zog sich Isis auf die my-
thische Nilinsel Chemmis in ein Papyrusdickicht zurück, gebar dort ihren

15

Sohn und zog ihn auf. Als Muttergottheit, aber auch als listenreiche Göttin mit dem Beinamen «die Zauberreiche» und in ihrer astralen Erscheinungsform als Sothisstern (Sirius) gewann Isis eine große Ausstrahlung, die ebenfalls weit über Ägypten hinausging.[12]

Als Horus herangewachsen war, mußte der Usurpator Seth seinen Thronanspruch aufgeben, um ihn dem Sohn des Osiris zu überlassen. Von dieser mythischen Handlung abgeleitet, erbte jeder König Ägyptens als Inkarnation des Horus den Thron von seinem Vater oder Vorgänger, der seinerseits durch sein Sterben in die Rolle des Osiris eintrat.[13]

Der Gott Seth aber gehörte, trotz der bösen Rolle, die er im Osiris-Mythos spielte, zu den wichtigsten Göttern des Landes. Als Gott des Kampfes und der Stärke wurde er nicht nur in seiner Hauptkultstätte, dem oberägyptischen Ombos (etwa 50 Kilometer nördlich vom heutigen Luxor) verehrt, sondern er genoß hohes Ansehen auch im östlichen Delta, in der Gegend von Auaris, aus der die Familie König Ramses' II. stammte.

Die bei der Schöpfung der Welt gesetzte Ordnung, die Maat, galt auch im Totenreich: In einem Gerichtsverfahren wurde das Herz des Verstorbenen gegen das Federzeichen der Maat gewogen. Senkte sich die Waage zuungunsten des Herzens, dann wurde der Verstorbene einem schrecklichen Wesen, der «Fresserin», überantwortet.[14] Darstellungen dieses Totengerichtes sind ein wichtiger Teil des «Totenbuches», einer illustrierten Spruchsammlung, die dem Verstorbenen seit etwa 1500 v. Chr. mit ins Grab gegeben wurde, um ihn vor allen Fährnissen der Unterwelt zu schützen. Der Verstorbene beteuert einmal vor Osiris und dann den 42 Totenrichtern:

«Ich habe kein Unrecht gegen Menschen begangen,
ich habe keine Tiere mißhandelt …
Ich habe keinen Gott beleidigt.
Ich habe kein Waisenkind an seinem Eigentum geschädigt.
Ich habe nicht getan, was die Götter verabscheuen.
Ich habe keinen Diener bei seinen Vorgesetzten verleumdet.
Ich habe nicht Schmerz zugefügt und niemanden hungern lassen,
ich habe keine Tränen verursacht.
Ich habe nicht getötet,
und ich habe auch nicht zu töten befohlen;
niemandem habe ich ein Leid angetan.»[15]

Das Ritual der Sündenverleugnung setzt sich weiter fort. In der Schlußrede wendet sich der Verstorbene nochmals an die Totenrichter:

«Ich lebe von Maat, ich nähre mich von Maat.
Ich habe getan, was die Menschen raten
und womit die Götter zufrieden sind.
Ich habe den Gott zufriedengestellt mit dem, was er möchte:
Brot gab ich dem Hungernden,

Das Jenseitsgericht: Im Zentrum des Bildes die Waage mit dem Herzen des Verstorbenen und der Maat-Feder in den Waagschalen. Relief aus dem Grab des Simut, genannt Kiki, in Theben-West, Zeit Ramses' II.

Wasser dem Dürstenden,
Kleider dem Nackten,
ein Fährboot dem Schifflosen.
Gottesopfer habe ich den Göttern,
Totenopfer den seligen Toten dargebracht …
Ich bin einer mit reinem Mund und reinen Händen.»[16]
Als voll Gerechtfertigter wird nun der Verstorbene vor den Herrscher der Unterwelt geführt und kann sein jenseitiges Leben beginnen.

Wie der Mensch am Ende seines Lebens, so tritt auch der Sonnengott jeden Abend durch das westliche Horizonttor in die Unterwelt ein. Er durchfährt sie mit seiner Barke in den zwölf Stunden der Nacht, wobei er und sein Göttergefolge sich nach der ermüdenden Tagesfahrt am Himmel regenerieren: Gealtert zum Greis fährt der Sonnengott in die Unterwelt ein, um sie am Morgen zum Kinde verjüngt wieder zu verlassen – als jugendliche Morgensonne steigt er im Osten empor.[17] Während der Sonnengott die Unterwelt auf seiner Barke durchquert, erweckt sein Licht auch die seligen Toten, die in ihren Mumienumhüllungen schlafend daliegen. Sie richten sich auf, können atmen, sprechen und gebieten wieder über ihren Körper.[18]

Unter den zahlreichen Weltschöpfungsvorstellungen, die es in Ägypten gibt, ist die Entstehung der Welt durch Wortmagie, durch Zauber, in dem berühmten «Denkmal memphitischer Theologie» belegt, das in der Zeit

17

Ramses II. flankiert von der Göttin Sachmet (rechts) und dem Gott Ptah (links). Ägyptisches Museum Kairo, im Garten

Ramses' II. abgefaßt wurde.[19] Im Mittelpunkt dieses Textes steht der Gott Ptah, Schutzherr jeder handwerklichen Kunst und einer der großen Götter Ägyptens. In der alten Hauptstadt Memphis besaß er, der in der Regel als menschliche Mumie mit einer enganliegenden Kappe auf dem Kopf dargestellt wird, ein bedeutendes Kultzentrum.

Das «Denkmal memphitischer Theologie», auf einer Basaltplatte aufgezeichnet, gehört heute dem Britischen Museum. Der Text berichtet, daß Ptah durch Gedanken und Worte die Götter, die Welt und die Menschen erschaffen hat, und es heißt: «Alle Dinge sind aus ihm hervorgegangen, Nahrung und Speise, Nahrung der Götter und alle anderen guten

Dinge. Und so wurde gefunden und verstanden, daß seine Kraft größer sei als die anderer Götter. Und so war Ptah zufrieden, nachdem er alle Dinge und alle Gottesworte geschaffen hatte.»[20] Da der Gott Ptah auch das Recht und die Gesetze festlegte, wurden auch Maat und Isefet angesprochen:

«So wird Maat gegeben dem, der tut, was geliebt wird,
Isefet gegeben dem, der tut, was gehaßt wird.
So wird nun Leben gegeben dem Friedfertigen
und Tod gegeben dem Frevler.»[21]

Wenn wir auf die über dreitausend Jahre ägyptischer Religionsgeschichte zurückblicken, dann sehen wir sie immer als ein geschlossenes Ganzes ohne zeitliche oder geographische Differenzierung. Das Bild, das wir dadurch gewinnen, ist falsch und verwirrend. In der ägyptischen Religion hat es zahlreiche große Akzentverschiebungen gegeben. So steht zum Beispiel seit dem 2. Jahrtausend v. Chr. der Gott Amun als Reichsgott an der Spitze des Pantheons, während er in der Zeit davor kaum in Erscheinung trat. Vom Gott des Windhauches stieg er auf zum Herrn des Lebensodems, der alle Dinge beseelt, und wurde zum Allgott Ägyptens.[22] Die bedeutendste Kultanlage, die man je im Nilland gebaut hat, die Tempelstadt von Karnak, wurde ihm gewidmet. Generationen von Königen haben Kriege in seinem Namen geführt und sein Haus durch Kriegsbeute reich gemacht.[23]

Auch der Herrscher der Unterwelt, Osiris, gewann erst zu Beginn des 2. Jahrtausends seine überragende Bedeutung, und verschiedene Götter wie etwa Tatenen[24], der Gott der Erdtiefe, waren im 3. Jahrtausend völlig unbekannt. Zu allen Zeiten aber gab es die Vorstellung, daß ein Gott oder eine Göttin auch mit einem oder mehreren anderen göttlichen Wesen eine innige Verbindung eingehen konnte, die man «Einwohnung» oder Synkretismus[25] nennt. Bei einer solchen Verbindung werden die Namen der Götter formelartig aneinandergereiht: So konnte Amun in einer Einwohnung mit dem Sonnengott Re zu Amun-Re werden. Diese Verbindung bedeutete nicht, daß ein Gott in dem anderen aufging oder daß Amun und Re identische Wesen waren. In der Form Amun-Re zeigte sich der große Reichsgott Amun in seinem schöpferischen solaren Aspekt, verkörpert durch den Sonnengott Re. Eine solche Einwohnung konnte nur vorübergehender Natur sein, sie konnte aber auch länger bestehen.

Die Vielzahl der Götter stellte auch die Theologen des alten Ägypten vor Probleme. Um die Welt der Götter zu ordnen, wurden diese zu Paaren oder Dreiheiten (Triaden) gegliedert; eine solche Triade bestand zum Beispiel aus Amun, seiner Gemahlin, der Göttin Mut, und ihrem gemeinsamen Sohn, dem Mondgott Chons. Weitere Gruppierungen, welche die Theologen vornahmen, waren die Achtheit, die sich aus vier Paaren zusammensetzte, oder die Götter-Neunheit, eine Gemeinschaft, in der sich die ägyptische Vielzahl «Drei» zu «Drei mal Drei» steigerte.[26]

Ramses II. vor dem Gott Amun-Re. Karnak, Tempel Ramses' II.

König Ramses II. als Kind dargestellt, beschützt von dem falken-
gestaltigen syrischen Gott Hauron. Granit. Ägyptisches Museum
Kairo

In der Zeit Ramses' II. kamen in Ägypten neben den einheimischen
Göttern noch asiatische Gottheiten zu besonderen Ehren. In der Hauptstadt Piramesse[27] besaß die semitische Göttin Anat[28] ein berühmtes Heiligtum; Bintanat (= Tochter der Anat) hieß nach ihr eine der wichtigen
Prinzessinnen. Zusammen mit der im syrisch-palästinensischen Raum
berühmten Astarte[29] gehörte Anat zu den Schutzgottheiten des Königs.
Eng mit dem «König im Kampf» verbunden waren der kanaanäisch-phö-
nikische Gott Reschef[30], dessen Name «Feuer» oder «Pest» bedeutet, und
der gewalttätige syrische Königsgott Hauron[31].
    Als der Urgroßvater Ramses' II., Seti (= Mann des Seth, griechisch
«Sethos»), in der Armee diente, regierte in Ägypten König Amenophis
IV. (1352–1336 v. Chr.), der sich später Echnaton nannte und der den

Kopf Echnatons. Stuck. Ägyptisches Museum Berlin

Staat durch eine religiöse Revolution erschütterte.[32] Er und seine Gemahlin Nofretete gehören heute zu den bekanntesten ägyptischen Herrscherpersönlichkeiten. In nur neun Jahren veränderte Amenophis IV. das Nilland grundlegend, schuf einen neuen Kunststil, verlegte die Hauptstadt in eine bis dahin unbewohnte Gegend (Tell el Amarna) und ließ nur noch den Gott Aton, der sich in der Sonnenscheibe manifestierte, als einzigen Gott – unter Leugnung und Verfemung aller anderen Götter – verehren. Er stiftete so die erste monotheistische Lehre in der Geschichte der Menschheit, die allerdings nur Episode blieb, da man schon bald nach dem Tode des Herrschers zu den alten Göttern zurückkehrte. Es waren König Sethos I. und sein Sohn Ramses II., die Echnaton der Verfemung preisgaben und sein Andenken tilgten. Seine Bauwerke wurden geschleift und die Statuen zerstört, denn es sollte nichts mehr an den Ketzerkönig und seinen Gott Aton erinnern.

Eine Familie macht Karriere

Zur Zeit der Geburt Ramses' II., also etwa um 1304/3 v. Chr., saß Harem-hab[33] auf dem Pharaonenthron, der letzte König der glorreichen 18. Dynastie, deren Herrschaft über Ägypten nun schon mehr als 230 Jahre dauerte und die das Land zu einem blühenden und mächtigen Staat gemacht hatte. Das Herrscherhaus hatte das selbständige Fürstentum Kusch (Nubien), also jenen südlichen Abschnitt des Niltals, welcher das heutige Ägypten mit dem Sudan verbindet, annektiert und dort eine straffe Verwaltung unter einem ägyptischen Vizekönig[34] eingerichtet, der aber nicht unbedingt mit dem Königshaus verwandt sein mußte; in der Regel hat man das Amt einem erfahrenen hohen Offizier übertragen.

Das nubische Gebiet mit seinen Steinbrüchen und Goldminen hatte für Ägypten eine wesentliche Bedeutung und trug entscheidend zum wirtschaftlichen Aufschwung dieser Epoche bei. Weniger straff gegliedert als in Nubien war die Verwaltung in den ebenfalls von Ägypten kontrollierten Gebieten in Syrien und Palästina. Diese zerfielen in eine Anzahl kleinerer Staaten, deren Fürsten Vasallen des Pharao waren und die durch ägyptische Militärstationen vor Übergriffen anderer Staaten geschützt wurden.

Kurz vor dem Tode Echnatons (1337 v. Chr.) waren zwei asiatische Provinzen von Ägypten abgefallen: Der Kleinstaat Amurru, ein Land zwischen Ugarit und Byblos (heute ein Teil des nördlichen Libanon), sowie der Stadtstaat Kadesch am Fluß Orontes. Neuen Schutz gewährte ihnen nun das Reich der Hethiter, das sich auf dem Gebiet der heutigen Türkei ausbreitete und neben Ägypten, Babylonien und Assyrien zu den Großmächten der damaligen Welt zählte. Eine ägyptische Strafexpedition, die sich gegen den Stadtstaat Kadesch richtete, rief den hethitischen König Suppiluliuma I. auf den Plan, der seinerseits mit seinem Heer die ägyptische Provinz Amka in Nordsyrien angriff und damit einen langwierigen Krieg mit den Ägyptern begann.

Die Nachfolger Echnatons sahen sich zahlreichen innen- wie außenpolitischen Problemen gegenüber, die sie schon wegen der Kürze ihrer Regierungszeiten nicht lösen konnten. Schließlich büßte Ägypten die Vorherrschaft in Vorderasien fast ganz ein, nachdem der Stadtstaat Byblos von den Hethitern annektiert worden war.

Unter dem minderjährigen König Tutanchamun (1332–1323 v. Chr.) bestimmten zwei Männer die Richtlinien der Politik, Eje und Haremhab. Ihre wichtigste Entscheidung, die sie für den minderjährigen König trafen, war zweifellos die Einleitung einer gemäßigten religiösen Restauration und die Aufgabe von Echnatons Residenzstadt Achetaton zugunsten von Memphis. Die alten Götter des Landes herrschten wieder; überall in Ägypten, auch bis nach Nubien hinein, wurde ihnen eine rege Bautätigkeit gewidmet.

Außenpolitisch war Haremhab als Oberbefehlshaber der Armee für die Sicherheit der ägyptischen Grenzen verantwortlich. Er versuchte, durch militärische Aktionen gegen die vordringenden Hethiter wenigstens einen Rest der einstigen Vorherrschaft in Vorderasien für Ägypten zu bewahren. Tutanchamun starb bereits in seinem zehnten Regierungsjahr, im Alter von ungefähr achtzehn Jahren, und hatte keine Nachkommen. So war jetzt der Weg frei für Eje und Haremhab, nacheinander den Königsthron zu besteigen, auf den sie von Geburt her nicht den geringsten Anspruch hatten.

Als Haremhab 1319 v. Chr. seine Herrschaft antrat, begann auch der unaufhaltsame Aufstieg eines Mannes namens Paramses[35] (= «Der Re ist es, der ihn geboren hat»), der schon eine glänzende militärische Laufbahn hinter sich hatte. Paramses stammte aus einer Offiziersfamilie, die im nordöstlichen Delta, in Auaris, zu Hause war. Sein Vater Sethos hatte es bis zum gehobenen mittleren Rang eines Truppenobersten gebracht. Der vermutlich um 1360 v. Chr. geborene Paramses trat ebenfalls in den Militärdienst ein, wurde wie sein Vater Truppenoberst, stieg dann, als Haremhab noch Generalissimus war, zum Festungskommandanten von Sile auf, einer Stadt an der Nordostgrenze des Deltas, und erreichte eine Spitzenstellung in der Militärhierarchie: der ägyptische Titel lautet übersetzt «Vorsteher der Pferde», also Chef der Streitwagentruppe.[36]

Es ist bemerkenswert, daß seit der Regierungszeit Echnatons das Militär immer mehr zum eigentlichen Träger des Staates wurde. Eine Laufbahn im Heer bot jetzt bessere Aufstiegschancen als eine Laufbahn innerhalb der Beamtenschaft. So setzte König Haremhab in freigewordene oder neugeschaffene Priesterpositionen ehemalige Frontoffiziere ein: Der Festungskommandant Paremhab[37] etwa erhielt das Amt des Hohenpriesters des Sonnengottes Re von Heliopolis; und auf einer Statuengruppe, die sich heute im Museo Egizio/Turin befindet, berichtet der König, er habe Männer, die sich zuvor in der Armee bewährt hatten, zu Reinigungs- und Vorlesepriestern an verschiedenen Tempeln des Landes ernannt.[38]

In besonderer Gunst stand bei ihm der General Paramses: Der kinderlose König ernannte ihn zum «Erbprinzen», das heißt, er setzte ihn als Thronerben ein. Außerdem übertrug er ihm auch das Amt des Vezirs[39], das damals die höchste Stufe einer Beamtenkarriere darstellte. Zur Zeit

König Haremhab vor der Göttin Hathor. Bemaltes Relief im Grab
des Königs im Tal der Könige, Theben-West

des Haremhab war das Vezirat nicht in Ober- und Unterägypten geteilt,
ein Umstand, der für Paramses einen weiteren Zuwachs an Macht bedeutete. Mit dem Titel eines «Obersten Mundes» ausgestattet, leitete er von
Memphis, der alten Haupt- und Garnisonsstadt aus alle juristischen und
Verwaltungsangelegenheiten des Staates. Sein Sohn Sethos, der den Namen des Großvaters trug, schlug ebenfalls eine militärische Laufbahn ein
und rückte genau wie sein Vater vom Rang eines Obersten über den eines
Festungskommandanten zum Chef der Streitwagentruppe auf. Er heira-

Der Generalissimus Haremhab wird mit Ehrengold geschmückt.
Relief aus seinem memphitischen Grab, das er sich anlegen ließ,
bevor er König war. Museum Leiden

tete Tuia, die Tochter eines hohen Offiziers, die ihm einen Sohn und zwei
Töchter schenkte. Die Mädchen wurden Tia und Hentmire genannt, der
Knabe erhielt, wie es üblich war, den Namen seines Großvaters, aber in
einer abgekürzten Form: Man ließ einfach den bestimmten Artikel «pa»
weg und nannte ihn Ramses (= «Re ist es, der ihn geboren hat»).

Als Haremhab nach langer Regierungszeit 1292 v. Chr. starb, konnte
Paramses, nun als Ramses I., den Thron Ägyptens besteigen und damit
das Herrscherhaus der 19. Dynastie begründen. Sein Sohn Sethos übernahm das Vezirat und alle Ämter, die sein Vater vorher innegehabt hatte.

Erneuerung der Schöpfung

Schon die letzten Könige der 18. Dynastie sahen es als ihr großes Ziel an, die Spuren der Revolution Echnatons zu beseitigen und die alten Götter wieder in ihre Rechte einzusetzen: Als Bauherr hat sich Haremhab besonders dem großen Amun-Tempel in Karnak, der durch den religiösen Umsturz Echnatons am meisten gelitten hatte, verpflichtet gefühlt. Er vollendete dort drei Einzugstore (Pylone) und begann mit dem Bau des großen Säulensaals zwischen dem 2. und 3. Pylon, der noch heute den Besucher in Staunen und Bewunderung versetzt. Beim Tode Haremhabs war eine Kolonnade von 14 Papyrussäulen fertig, die, 21 Meter hoch, heute das Mittelschiff des Saales bilden.

Mit König Ramses I. beginnt nicht allein eine neue Dynastie, sondern zugleich ein neuer Zeitabschnitt in der Geschichte Ägyptens, die wir heute die «Ramessidenzeit» nennen. Er setzte die Bautätigkeit von Haremhab fort, doch war seine Regierungszeit zu kurz, um viele Spuren zu hinterlassen. Besonders sehenswert ist sein an Ausmaßen allerdings bescheidenes Grab im Tal der Könige: Obgleich es nur aus einem Korridor und einer Sargkammer ohne Pfeiler besteht, zeigt die Harmonie, welche die ganze Anlage ausstrahlt, daß sie von vornherein so geplant war und nicht durch den plötzlichen Tod des Königs nachträglich verkleinert wurde. Die Malereien auf blauem Grund, mit denen die Sargkammer geschmückt ist, sind von hoher Qualität.[40]

Nach dem Tod Ramses' I. ging die Krone diesmal direkt vom Vater auf den Sohn über, der als Sethos I. 1291 v. Chr. die Herrschaft antrat. Deutlicher noch als sein Vater markiert er schon bei der Thronbesteigung den Neubeginn. Die ägyptischen Könige führten nämlich seit alter Zeit fünf verschiedene Namen, die bis auf den Geburtsnamen jeweils zu Anfang einer Herrschaft angenommen wurden und eine Art Regierungsprogramm vermittelten.[41]

Sethos I. verdeutlichte in seinem zweiten Namen die neue Ära. Dieser Name ist der «Nebti-Name»: Übersetzt lautet er «die beiden Herrinnen» und meint die ober- und unterägyptischen Kronengöttinnen Nechbet und Uto, welche die religiöse Ausgewogenheit zwischen den beiden Ländern markieren. Sethos I. wählte dafür den Namen «Erneuerung der Schöp-

Karnak-Tempel. Links im Bild der Große Säulensaal

fung». In dieser Benennung findet zudem eine historische Begebenheit jener Jahre ihren besonderen Niederschlag: In Sethos' Regierungszeit oder kurz davor kam es zum Zusammenfall vom Aufgang des Sothis-Sterns[42] und dem ägyptischen Neujahrstag, ein astronomisches Ereignis, das nur alle 1460 Jahre stattfand.

Um die Bedeutung dieses Ereignisses verstehen zu können, muß man sich den ägyptischen Kalender[43] näher ansehen, der ein Jahr von 365 Tagen mit 12 Monaten zu je 30 Tagen und fünf Zusatztagen am Jahresende umfaßte. Die Monate waren zu drei Jahreszeiten geordnet; jede bestand also aus vier Monaten. Diese Jahreszeiten hießen: «Überschwemmung», «Winter» und «Sommer». Die «Überschwemmungszeit» war für die Ägypter von höchster Bedeutung und stand an der Spitze des Jahres: Die Lebensader des Landes, der Nil, stieg alljährlich an, bedingt durch Regenfälle und Schneeschmelze in den abessinischen Hochgebirgen, und brachte so fruchtbaren Schlamm nach Ägypten, der sehr ertragreiche Ernten ermöglichte.

Sollte nun ein Datum angegeben werden, so schrieb man zum Beispiel:

«Jahr 10 (der Regierung des jeweiligen Königs), 2. Monat der Überschwemmung, Tag 22». Der Kalender hatte allerdings den Fehler, daß kein Schaltjahr eingeschoben wurde, so daß das ägyptische Jahr von 365 Tagen gegenüber dem astronomischen Jahr einen Vierteltag kürzer war und sich alle 4 Jahre um einen Tag verschob: Der Neujahrstag der Ägypter, der mit dem Beginn der Nilüberschwemmung zusammenfiel, wanderte also mit der Zeit durch den Kalender.

Neben dieser «bürgerlichen» gab es in Ägypten eine weitere Kalenderberechnung, die mit dem Auftreten des Sirius im Zusammenhang stand: Schon früh nämlich hatten die Ägypter am Himmel beobachtet, daß der Fixstern Sirius (= Sothis) nach langer Abwesenheit vom Nachthimmel plötzlich zum Zeitpunkt der Nilüberschwemmung, um unseren 19. Juli herum, wieder am Himmel erschien. Sowohl das «Hervorkommen der Sothis» als auch der Neujahrstag des «bürgerlichen» Kalenders wurden gefeiert, wobei es aber im Ablauf der Jahre natürlich unterschiedliche Abstände zwischen den beiden Festen gab. Der Zusammenfall von Sothis-Aufgang und Neujahrstag, der nur alle 1460 Jahre stattfand, war für die Ägypter ein Ereignis von tiefster mythologischer Bedeutung, ein sichtbares Zeichen für den Neubeginn der Weltschöpfung.[44]

Es ist sicher, daß die Wahl der Titulatur im «Nebti-Namen» Sethos' I. auch auf dieses Ereignis anspielt. Zu der Erneuerung der Schöpfung gehörte die Abrechnung mit dem Frevler und Götterfeind Echnaton; Scharen von Steinmetzen erhielten den Auftrag, die ausgehackten Götternamen in den Tempeln und Monumenten, ja selbst an den Spitzen der Obelisken zu restaurieren.[45]

Seinem verstorbenen Vater, Ramses I., erwies der König eine fürsorgliche Aufmerksamkeit. In seinem großen Totentempel wurden auch Räu-

Blick ins Osireion
(= Scheingrab des
Osiris) von Abydos

me für den Totenkult Ramses' I. eingerichtet, und in Abydos, der heiligen
Stätte des Osiris, widmete der König seinem Vater ein kleines Heiligtum
und verewigte dort auf einer Stele seine Tugenden.[46]

Überhaupt bildete Abydos, neben Theben, den Schwerpunkt von
Sethos' Bautätigkeit. Sein gewaltiger Tempel mit der Nachbildung des
mythischen Grabes des Osiris an der Rückseite gehört zu den schönsten
und eindrucksvollsten Bauten, die uns das alte Ägypten hinterlassen
hat.[47]

Schon im ersten Regierungsjahr brach König Sethos mit seiner Armee,
deren Divisionen nach den großen ägyptischen Göttern Amun, Re, Ptah
und Seth benannt waren, zu seinem ersten Asien-Feldzug auf. Der Krieg

Tempel von
Karnak.
Blick durch
den Großen
Säulensaal

wird in einzelnen Reliefbildern auf der nördlichen Außenwand des großen Säulensaals von Karnak dargestellt, welcher unter Sethos I. vollendet
wurde und nun als selbständiger Tempel innerhalb des Amun-Tempels
bestand.[48]

Ausgangspunkt des Feldzuges war die Festung Sile, wo schon sein Va-
ter Paramses Kommandant gewesen war. Das unterste Register an der
Ostseite der Nordwand zeigt die Heerstraße, auf welcher die Armee des
Königs vorrückte. Nach Überschreitung eines Kanals, der etwa in dem
Gebiet des heutigen Suezkanals verlief, durchquerte man die Wüste des
Sinai, wobei Brunnenstationen, die von ägyptischen Truppen bewacht
wurden, für das nötige Wasser sorgten. Ehe man «Pa-Kanaan» (= Gaza)

Sethos I.
mit der Göttin Hathor.
Relief im Großen
Säulensaal des Tempels
von Karnak

eroberte, mußte das Heer Kämpfe gegen rebellische Schasu-Beduinen bestehen, die in Südpalästina ständig für Unruhen sorgten. Leider kennen
wir das Ziel dieses Feldzuges nicht genau, aber er diente wohl in erster
Linie der Sicherung und Befriedung ägyptischer Gebiete in Palästina, um
für eine spätere Auseinandersetzung mit dem hethitischen Großreich gerüstet zu sein. Ein weiterer Feldzug führte zu einer teilweisen Rückerobe-
rung des Stadtstaates Kadesch und zu Angriffen auf Amurru. Am
Westrand des Deltas mußte Sethos I. den ägyptischen Staat gegen Berber
und Libyer verteidigen, die die Hauptstadt Memphis bedrohten.

Im achten Regierungsjahr wurde dem König, der gerade in Theben
weilte, ein Aufstand in Nubien gemeldet.[49] Sethos brach sofort nach Süden auf. Gemeinsam mit dem Vizekönig von Kusch, Amenemope, und
den ihm unterstellten Truppen gelang es, die Rebellen vernichtend zu
schlagen.

Als Sethos I. 1279 v. Chr. im Alter von etwa 45 Jahren starb, hinterließ
er seinem Sohn und Erben Ramses ein Großreich, das sich von Nubien
bis nach Vorderasien erstreckte.

Der Kronprinz

In einer großen Weihe-Inschrift im Tempel seines Vaters in Abydos ist eine lange Rede Ramses' II. an seine Hofleute aufgezeichnet, die er als König im ersten Regierungsjahr gehalten haben soll. In dieser Ansprache gibt es einen längeren Abschnitt mit Angaben über Jugend und Kronprinzenzeit des Herrschers:

Ich bin aus Re hervorgegangen,
obwohl ihr sagt, aus Sethos I.
Aber der mich aufzog und groß werden ließ,
das war doch der Allherr selbst.
Ich war ein Kind, da ich Herrscher wurde,
ja, er hat mir den Erdkreis gegeben,
da ich noch im Mutterleib war.
Die Großen, sie küßten den Boden vor meinem Antlitz,
während ich als ältester Sohn auf dem Thron des Geb [des Erdgottes]
in die Fürstenwürde gelangte.
Zum Oberhaupt der Fußtruppen
und der Wagenkämpfer wurde ich ernannt.
Damals, als mein Vater bei den Untertanen erschien,
da war ich als Kleinkind in seinen Armen dabei.
Und er sagte über mich:
«Laßt ihn als König erscheinen,
damit ich seine Vollkommenheit sehe,
während ich noch lebe.»
Er ließ die zuständigen Priester herbeirufen,
um die Doppelkrone auf meinem Scheitel zu befestigen.
«Setzt ihm die Uräusschlange auf seinen Kopf!»
So sprach mein Vater über mich,
da er noch auf Erden war.
«Er soll das Land regieren,
für Ägypten sorgen
und das Gesicht den Menschen zuwenden.»
Er sagte es unter Tränen,
weil seine Liebe zu mir so stark war in ihm.

Auch richtete er mir einen Harem ein,
einen königlichen Harem,
wie er den Schönen des Palastes zukommt.[50]

Dieser Redeabschnitt wird oft als sicherer Beleg dafür angesehen, daß Ramses als Prinzregent oder Mitregent an der Herrschaft seines Vaters beteiligt gewesen sein müsse; doch konnte auch nachgewiesen werden, daß der junge König zumindest erst in der letzten Phase der Regierungszeit seines Vaters als Kronprinz feststand und daß zuvor ein Offizier namens Mehi als Nachfolger vorgesehen war.[51]

Seit König Eje wurde der neue König jeweils durch Auswahl bestimmt. Auch Sethos I., der ja seinem Vater auf dem Thron folgte, scheint hier keine Ausnahme gewesen zu sein, denn man darf wohl annehmen, daß Haremhab den tüchtigen, jungen Offizier Sethos als zukünftigen Herrscher Ägyptens im Auge hatte, als er seinen schon hochbetagten Kriegskameraden Paramses zum Erben des Reiches einsetzte.

Diesem Prinzip folgend, baute Sethos offenbar zuerst den Offizier Mehi als Nachfolger auf: An den schon erwähnten Feldzugdarstellungen

Ramses II. im Gestus des Redners. Reliefausschnitt aus dem Tempel Sethos' I. in Abydos

an der nördlichen Außenmauer des Säulensaales von Karnak erscheint deshalb Mehi, wie es einem Kronprinzen zukam, unmittelbar neben dem König. Später hat Ramses II. dann versucht, Mehis Bild durch sein eigenes zu ersetzen.

Wir begegnen dem Prinzen Mehi auch in der auf Papyri oder Ostraka (Scherben) überlieferten schönen Literatur: Wohl in Vorausschau auf die künftige Würde erscheint in den Liebesliedern der frühen 19. Dynastie sein Name zweimal in einem Königsring eingeschlossen. Was aus Mehi geworden ist, wissen wir nicht: Vielleicht ist er eines natürlichen Todes gestorben oder in einem der Kämpfe gefallen. Es ist aber auch durchaus vorstellbar, daß Sethos schließlich doch dem dynastischen Prinzip den Vorzug gab und seinen Sohn zum Nachfolger bestimmte.

Es fragt sich dann aber, wie die Ansprache Ramses' II. zu verstehen ist, in der er behauptet, bereits als Kleinkind im Beisein seines Vaters die Doppelkrone Ägyptens empfangen zu haben. Welchen historischen Wert besitzen eigentlich ägyptische Dokumente, und wieweit dürfen wir ihnen trauen?

Um dies zu klären, müssen wir uns vor allem vor Augen halten, daß die Ägypter einen völlig anderen Geschichtsbegriff und eine andere Vorstellung von Geschichtsschreibung hatten als wir.[52] Unsere moderne Sicht von Geschichte geht auf den griechischen Historiker Thukydides (460 bis 400 v. Chr.) zurück, der in seinem Werk über den Peloponnesischen Krieg zum erstenmal die Methoden formulierte, die heute für eine wissenschaftliche Geschichtsschreibung unerläßlich sind: Ausklammerung von göttlicher Gunst und Mißgunst, strenge Prüfung von historischen Quellen, Objektivität, Erforschung der tieferen Ursachen des Geschehenen und eine absolut wahrheitsgetreue Wiedergabe.

Die historischen Texte des alten Ägypten berücksichtigen keine der von Thukydides aufgestellten Maximen: Geschichtliche Vorgänge oder Abläufe erscheinen in einer kultisch-festlichen Form, in der etwa der Zufall oder das Versagen eines Königs keinen Raum fanden. So wurden alle tatsächlichen Ereignisse in eine überhöhte, von Religion und Königtum bestimmte Wirklichkeit verfremdet, ehe sie bekanntgemacht werden konnten. Die propagandistische Ansprache Ramses' II. an seine Höflinge erlangte durch ihre «Veröffentlichung» an der Tempelwand in den Augen der Ägypter den Rang höchster Realität.

Das erste Regierungsjahr

Ägyptische Texte beschreiben den Zustand nach dem Tode eines Pharaos als Sonnenfinsternis, als die Zeit, da sich «Re von den Menschen trennt». Da dieser Zustand eine Form des Chaos bedeutete, war es nötig, dem Land schnell einen neuen Herrscher zu geben. Kurz nach dem Ableben Sethos' I. fanden im dritten Monat der Sommerjahreszeit, Tag 27, also Anfang Juni 1279 v. Chr., in der Hauptstadt Memphis die Feierlichkeiten zur Thronbesteigung des neues Königs statt.[53]

Ramses, damals etwa 25 Jahre alt, empfing früh am Morgen vor Sonnenaufgang im königlichen Palast die für die Kulthandlung ausgewählte Priesterschaft, Reinigungspriester, Vorlesepriester und den Zeremonienmeister. Bedingung für das große Ritual der Krönung war die kultische Reinheit. Ein Priester, welcher die Rolle eines Gottes spielte, goß aus einem Gefäß Wasser über Ramses und sprach dazu die Worte: «Ich reinige dich mit diesem Wasser voll jeden Lebens, jeder Herrschaft, jeder Dauer, jeder Gesundheit und Herzensfreude. Mögest du zahlreiche Regierungsjubiläen feiern wie Re, ewiglich.»[54]

Weggewaschen sollten alle Unreinheiten und alle Krankheitskeime vom neuen Pharao sein, wenn er anschließend mit dem königlichen Schurz bekleidet in den großen Thronsaal des Palastes geführt wurde, wo der Hofstaat und die königliche Familie versammelt waren. Als Symbol der Machtübertragung und der Legitimität salbte man dort den jungen Herrscher mit heiligem Öl. Die Götter Horus und Seth, dargestellt von zwei Priestern, krönten Ramses mit der roten Krone Unterägyptens und sprachen: «Wir lassen deine Würde als König von Unterägypten dauern, du, der du auf dem Thron des Horus erschienen bist.»[55]

Darauf setzten sie ihm die weiße Krone Oberägyptens auf das Haupt: «Wir lassen deine Würde als König von Oberägypten dauern, du, der du auf dem Thron des Horus erschienen bist.»[56] Ein Vorlesepriester verkündete die Titulatur des Herrschers:

Horusname: *Starker Stier, von Maat geliebt.*

Die beiden Herrlinnen. *Schützer Ägyptens, der die Fremdländer bezwingt.*

Goldhorus: *Reich an Jahren, Groß an Siegen.*

Die Götter Horus und Seth verbinden die Wappenpflanzen von
Ober- und Unterägypten mit dem Hieroglyphenzeichen «vereinigen».
Relief am Thron einer sitzenden Statue des Königs Sesostris I.
Ägyptisches Museum Kairo

König von Ober- und Unterägypten: *Usermaatre* (= Stark an Maat ist
Re); (später hat der König noch den Namen *Setepenre* = Erwählter des
Re, hinzugefügt.)

Sohn des Re: *Ramses, geliebt von Amun.*[57]

Nachdem die Namen des neuen Herrschers verkündet waren, bestieg
Ramses den großen Thron aus Elektron, und der anwesende Hofstaat
huldigte dem König, indem er sich zu Boden warf und einen Hymnus auf

die jugendliche Kraft des Königs anstimmte. In einer Zeremonie verband man die Wappenpflanzen von Ober- und Unterägypten, Binse und Papyrus, mit einem Hieroglyphenzeichen, welches das Wort «Vereinigen» bedeutet. Symbolisch erhielt der König dadurch die Herrschaft über beide Länder.

Dann verließ man den Palast, und der König schickte sich an, den Ritus des «Umlaufs um die Mauern» auszuführen.[58] Dieser Lauf um die Mauern der Stadt hatte in früheren Jahren die physischen Kräfte und die Gesundheit des Herrschers geprüft, war aber später zu einem symbolischen Akt für das Besitzergreifen von Hauptstadt und Land geworden. Der König lief auch nicht mehr «um die Mauern», sondern durchschritt mit weiten, schnellen Schritten ein vorher markiertes Gebiet. Nach dem «Fest des Diadems», in welchem dem neuen Herrscher das Stirnband-Diadem mit den zwei hohen Federn und der Uräusschlange, dem Machtemblem der Könige und Götter, auf das Haupt gesetzt wurde, fand eine Prozession mit Götterstandarten statt: Der König besuchte alle Tempel der Stadt und ehrte die Götter des Landes.

Nach der Devise «Der König ist tot, es lebe der König» wurden Boten in alle Himmelsrichtungen geschickt, um den Tod Sethos' I. und die Thronbesteigung des neuen Herrschers Ramses II. zu verkünden. Der Vezir des Südens, Paser[59], der in Theben residierte, traf alle Vorbereitungen für die königliche Grablegung im Reichsfriedhof von Theben-West, im Tal der Könige. Dort waren seit Thutmosis I. (1493–1481 v. Chr.) alle Herrscher Ägyptens – ausgenommen Echnaton – in dekorierten Felsgräbern bestattet worden, und auch Sethos I. hatte gleich nach seinem Regierungsantritt den Auftrag erteilt, mit der Arbeit an seinem «Grabpalast» zu beginnen, der in der architektonischen Ausführung und dem Programm der Dekoration anders gestaltet werden sollte als die Felsgräber seiner Vorgänger.

Das Grab Sethos' I. ist nicht nur das längste und tiefste am «Platz der Wahrheit», sondern es besitzt auch als erstes vom Eingang bis zur Rückwand der Sarkophaghalle farbige Reliefs und eine Decke mit prächtigen Malereien.[60] Unter den Reliefs gibt es zahlreiche Szenen, die den König betend oder opfernd vor den Göttern zeigen, und illustrierte Texte, die für das jenseitige Leben des toten Herrschers von Bedeutung waren, wie etwa die beiden Unterweltsbücher «Amduat» und «Pfortenbuch»[61], welche die Fahrt des Sonnengottes durch die zwölf Stunden der Nacht eindrucksvoll schildern und die zum Ziel haben, den toten König an dieser Reise zu beteiligen.

Viele Jahre hatten die dafür spezialisierten Werkleute, Steinmetze, Bildhauer, Vorzeichner, Reliefkünstler und Maler aus der nahegelegenen Siedlung Der el-Medineh daran gearbeitet, als jetzt die Nachricht vom Vezirbüro eintraf, daß die Bestattung des Königs unmittelbar bevorstehe. Man begann nun, letzte Hand an die Fertigstellung des Grabes zu legen.[62]

Die Arbeitersiedlung von Der el-Medineh: eindrücklich erhalten sind die Grundmauern der einzelnen Wohnhäuser

Direkt neben der Siedlung befinden sich die Gräber der Arbeiter

Darstellung aus einem Totenbuch: im Schrein steht der indifferente Körper des Toten; sein Ba als menschenköpfiger Vogel kommt auf ihn herab, um ihn zum Leben im Jenseits zu erwecken. Papyrus im Musée Royal du Cinquantenaire von Brüssel

Viele hundert Kilometer nördlich, in Memphis, waren Priester und Spezialisten der Mumifizierung[63] damit beschäftigt, im Balsamierungshaus den Leib des toten Herrschers für das jenseitige Leben vorzubereiten. Nach dem Glauben der Ägypter war es für das Fortleben im Jenseits unbedingt notwendig, daß der Leichnam vor dem Verfall geschützt blieb, denn die durch den Tod des Menschen abgeschiedenen Seelenelemente sollten im Jenseits zu ihm zurückkehren können. Vier solcher Elemente gibt es, deren zwei wichtigste die «Ka»-Seele und die «Ba»-Seele sind. Der Begriff «Ka» bezeichnet eine unkörperliche Kraft von Göttern und Menschen, welche die Fähigkeit zum Leben ermöglicht und die nach dem Tode der Nahrung bedarf; der «Ba» dagegen, in Vogelgestalt gedacht und auch so dargestellt, verfügt über freie Bewegungsmöglichkeit, muß aber zu dem im Grab still ruhenden Leichnam immer wieder zurückkehren.[64]

Der Gott Anubis, dargestellt als liegender Schakal. Relief. Ägyptisches Museum Kairo

Der Prozeß der Mumifizierung stand unter dem Schutz des Gottes Anubis, dem schakalköpfigen Gott der Nekropole und des Balsamierens. Nach altägyptischer Tradition dauerte dieses Ritual 70 Tage: Dabei wurden durch einen Einschnitt am linken Unterleib die Eingeweide aus dem Körper entfernt und in vier krugartigen Gefäßen, die man Kanopen nennt, beigesetzt. Das Herz jedoch, als Zentrum der menschlichen Existenz, wurde im Leib belassen. Durch Natron und Salz entzog man dem Körper in einer 35 Tage dauernden Prozedur die Feuchtigkeit und behandelte den Leichnam mit Ölen, Harzen und verschiedenen duftenden Essenzen. Notwendig war auch eine kosmetische Behandlung, die dem Toten ein natürliches und lebensnahes Aussehen verleihen sollte. Anschließend wurde der Körper sorgfältig und kunstvoll in lange Leinenstreifen gewikkelt, in die auch Amulette zum magischen Schutz des Verstorbenen mit

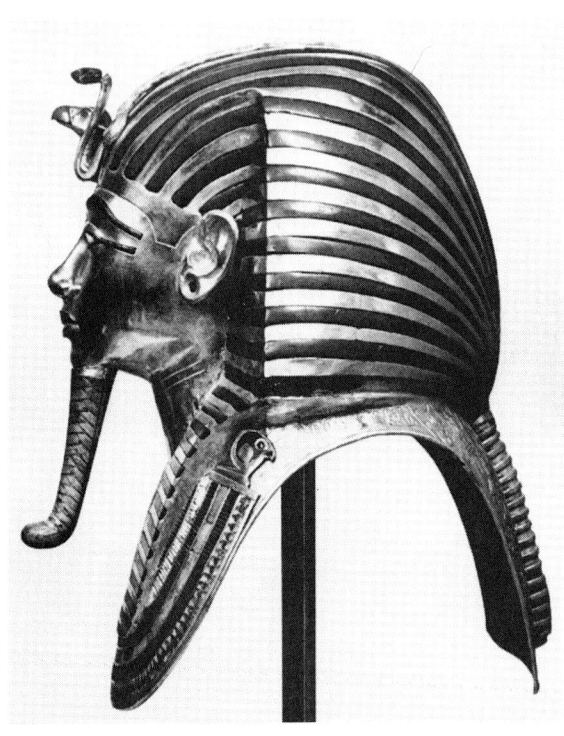

Die Goldmaske
Tutanchamuns.
Ägyptisches
Museum Kairo

eingebunden wurden. Zum Schluß brachte man über Kopf und Gesicht
des toten Herrschers eine Goldmaske an, die wohl sehr ähnlich gearbeitet
war wie die, welche uns von König Tutanchamun erhalten geblieben ist.
Priester begleiteten die einzelnen Vorgänge mit Gebeten, Reinigungsriten
und Opfergaben, auch kultische Tänze wurden aufgeführt.

Nun legte man den toten König zuerst in einen menschengestaltigen
Goldsarg, dann fügte man diesen in andere kunstvoll gearbeitete Särge
schachtelartig ein. Die äußerste Umhüllung sollte ein anthropoider Alabastersarkophag sein, auf dessen Außen- und Innenwänden das «Pfortenbuch» in Text und Bildern fein eingraviert war.[65] Anfang August über-
führte man den Verstorbenen auf eine königliche Barke, die im Nilhafen
von Memphis bereitlag.

Auch für König Ramses, für die königliche Familie und die wichtigsten
Repräsentanten des Staates, welche den toten Herrscher zu seiner Grablegung im Tal der Könige begleiten sollten, waren Schiffe reisefertig gemacht worden. Die Anker wurden gelichtet, die Segel gesetzt, und der

Schiffskonvoi setzte sich nach Süden stromaufwärts in Bewegung. Überall an den Ufern drängten sich die Menschen, um die Schiffsprozession mit dem toten König zu sehen.

Vierzehn Tage nach der Abreise von Memphis erreichte der Konvoi sein Ziel: Theben. Man landete am Ostufer des Flusses und traf die letzten Vorbereitungen für die Bestattung.[66] Dann wurde der reich mit Blumen geschmückte Katafalk, in dem sich die Mumie in ihren Särgen befand, in einer kleinen Barke über den Nil gesetzt, durch einen Kanal getreidelt bis zur Anlegestelle des Totentempels Sethos' I., der sich noch im Bau befand. In diesem Heiligtum wurden über mehrere Tage hinweg durch die Priester Reinigungs- und Räucherriten sowie andere Zeremonien an der Mumie und an Statuen des toten Königs durchgeführt. Dann kam der Tag des Begräbnisses. Die Barke mit dem Katafalk wurde auf einen Schlitten unter einen Baldachin gesetzt. Zum Ziehen waren besonders ausgewählte, gefleckte Rinder eingespannt.

Früh am Morgen setzte sich der Trauerzug in Bewegung. Zuerst ging es den Fruchtlandstreifen entlang, dann auf gewundenem Wüstenweg zum Tal der Könige. Das Gefolge, mit weißen Trauerbinden um den Kopf, schritt in zwei Gruppen rechts und links neben dem Katafalk. Totenpriester spendeten Weihrauch, Klagefrauen stießen schrille Schreie aus, schlugen sich an Kopf und Brust und bestreuten sich mit Asche.

Im Zuge wurden auch all die Sachen mitgeführt, die später dem Verstorbenen ins Grab mitgegeben wurden: Möbel, Götterfiguren, Statuen des Königs, Uschebti, also kleine Statuetten, die dem Toten jegliche unangenehme Arbeit im Jenseits abnehmen sollten, zahlreiche wertvolle

Der Totentempel Sethos' I. in Theben-West. Luftaufnahme

Neun Freunde, die beiden Vezire und Generalissimus Haremhab ziehen
den Katafalkschlitten mit der Mumie König Tutanchamuns zum Grab.
Malerei im Grab des Königs Tutanchamun im Tal der Könige, Theben-West

Gefäße aus Stein oder Metall, Gold- und Silberschmuck, Körbe mit Nah-
rungsmitteln, Spiegel und Salbbehälter, Schatullen und Kästchen, Blu-
mensträuße, der Streitwagen des Königs, kurz, alle Dinge, von denen
man glaubte, daß sie der Herrscher im Totenreich benötigen würde.

Unter Klagen und Gebeten näherte sich der Zug dem Tal. Dann hielt
man an. Die Rinder, die den Katafalkschlitten zogen, wurden ausge-
spannt, und neun hohe Würdenträger und die beiden Vezire von Ober-
und Unterägypten übernahmen das Zugseil und zogen den Sargschlitten,
während sie Gebete mit dem Refrain «Sei wohlbehalten, sei wohlbehalten! In Frieden! In Frieden, zum Westen, zum Westen!»[67] sprachen. Kurz
bevor man das Grab erreichte, kamen von dort Männer mit kurzen Schür-
zen bekleidet und mit Kränzen von Papyrusstengeln auf den Köpfen und
begannen einen Ritualtanz. Sie stellten Könige längst vergangener Zeiten dar, die den Toten in die jenseitige Welt begleiten sollten.

Dann wurde der innere Sarg aus dem Schlitten herausgenommen, anschließend wurden Mumie und Sarg vor dem Grabeingang senkrecht aufgestellt. König Ramses, bekleidet mit einem Pantherfell, der Amtstracht
eines Priesters, der das Begräbnisritual zu vollziehen hatte, trat an die
Mumie heran und berührte mit bestimmten Geräten, die bei der Balsamie-

rung und bei der Herstellung von Särgen und Statuen verwendet wurden, Augen, Mund, Nase und Ohren des Verstorbenen und die entsprechenden Stellen des menschengestaltigen Sarges. Dazu sprach ein Vorlesepriester Zaubertexte des «Mundöffnungsrituals»[68], die dem Toten eine immerwährende Fähigkeit zum Leben sichern sollten.

Reinigungen und Räucherungen wurden wie die Schlachtung der Zugrinder nach genauen Vorschriften durchgeführt und Opferspeisungen vorgenommen. Dann kam der Zeitpunkt des Abschiednehmens. Die aufgestellte Mumie wurde von den Angehörigen umarmt. «Mein Herz weint, weint. Du erreichst die Nekropole eilends! Wehe, wehe! ...»[69] Danach legte man den Toten in den Sarg zurück. Unter strenger Aufsicht der Beamten wurden alle Beigaben in das Grab gebracht, schließlich geleitete man den verstorbenen König in sein «Haus der Ewigkeit». Ein weihrauchspendender Priester und Fackelträger schritten voran. In der Sarkophaghalle bettete man die Särge mit der Mumie in den bereitstehenden Steinsarkophag und verließ das Grab. Dabei wurden die Türen der einzelnen Korridore geschlossen, versiegelt und mit schweren Steinplatten gesichert. Sethos I. ruhte nun rituell bestattet in seinem «Grabpalast», gehörte zu den Königen, die «früher waren», und befand sich in der Gemeinschaft der großen Götter.

Als die Beisetzungsfeierlichkeiten vorüber waren und das Volk von Theben dem neuen König Ramses gehuldigt hatte, kam der Vezir Paser mit einer Gruppe auserwählter Beamter und den beiden Vorarbeitern der Werkleute von Der el-Medineh, Baki und Neferhotep, ins Tal der Könige, um für den neuen Herrscher einen geeigneten Platz für dessen letzte Ruhestätte auszuwählen.

Paser war etwa zehn Jahre älter als Ramses und schon einige Jahre Vezir des Südens. Als Stellvertreter des Königs in Oberägypten hatte sich Paser bereits große Verdienste erworben. Ihm unterstanden in diesem Gebiet sämtliche Bürgermeister der Städte, die Finanz- und Gerichtsbehörden und alle Bauvorhaben des Königs. Früher wurde er sicher in seinen schweren Aufgaben von seinem Vater Nebnetjeru[70], Hoherpriester des Amun, unterstützt, aber Nebnetjeru war in der letzten Phase der Regierungszeit Sethos' I. gestorben. Seine Position blieb unbesetzt, und es war die Aufgabe des neuen Königs, einen geeigneten Nachfolger für dieses hohe Amt zu finden.

Nachdem die Kommission im Tal der Könige einen passenden Platz für das Felsgrab des neuen Herrschers am Eingang des Kessels im östlichen Haupttal ausgemacht hatte, erstattete Paser Ramses davon Bericht. Der König war in Theben geblieben, denn das jährliche Opet-Fest[71], eines der großen religiösen Feste Ägyptens, stand vor der Tür, und es gehörte zur Tradition, daß der König an diesem Ereignis persönlich teilnahm. Mit Paser besprach der König die Bauvorhaben, die er in der Region von Theben auszuführen gedachte.

Für seinen persönlichen Totenkult wünschte er sich einen großen Tempelbau, in dessen Bezirk auch ein königlicher Palast entstehen sollte. Diese Anlage sollte, so war es der Wille des Königs, in der Nähe des gewaltigen Totentempels Amenophis' III. (1390–1353 v. Chr.) gebaut werden, von dem heute leider nur noch geringe Reste erhalten sind. Nur die beiden einst den Eingang des Gotteshauses flankierenden, 20 Meter hohen Sitzstatuen des Königs Amenophis – seit der klassischen Antike als Memnons-Kolosse bekannt – haben den Jahrtausenden getrotzt. Besser erhalten geblieben ist der Tempel Ramses' II., «Ramesseum» genannt, der heute jährlich von Tausenden von Touristen besucht wird.[72]

Am Luxor-Tempel, einem Werk Amenophis' III., plante Ramses eine größere bauliche Veränderung: Die alten Ägypter nannten dieses Gotteshaus «Amuns südlicher Harem», denn das Heiligtum war zentral mit der drei Kilometer nördlich davon gelegenen, riesigen Tempelstadt von Karnak verbunden. Ramses wollte einen Säulenhof bauen, größer als der, den Amenophis III. gebaut hatte, und ihn mit monumentalen Einzugstoren ausstatten. Für die Menschen vor dem Tempeleingang sollte der imposante Anblick durch sechs Kolossalstatuen des Königs und zwei Obelisken aus Assuan-Granit gesteigert werden. Allerdings mußte man den neuen Anbau in seiner Achse leicht nach Osten abknicken, denn nur so konnte ein altehrwürdiges kleines Heiligtum, das einst König Thutmosis III. (1458–1426 v. Chr.) errichten ließ, erhalten bleiben und in den Säulenhof integriert werden.

Paser wurde auch beauftragt, den Weiterbau des Totentempels Sethos' I. zu veranlassen und die noch undekorierte östliche Hälfte des großen Säulensaals von Karnak mit Reliefs auszustatten.

Das «schöne Fest von Opet», der feierliche Besuch des Gottes Amun von Karnak im Tempel von Luxor, begann traditionsgemäß im zweiten Monat der Überschwemmungsjahreszeit (September), Tag 15, und dauerte ursprünglich elf Tage, aber im Laufe der Zeit hatte sich das religiöse Volksfest durch mehrere zusätzliche Feiertage ausgedehnt. Der Ablauf des Festgeschehens wird im großen Säulengang des Luxor-Tempels durch

Der Totentempel Ramses' II. (Ramesseum): Blick aus dem Säulensaal auf die im Hof liegenden Trümmer der Kolossalstatue König Ramses' II.

feine Reliefbilder aus der Zeit des Königs Tutanchamun eindrucksvoll geschildert.[73] Das religiöse Programm begann mit dem Aufbruch des Gottes, seiner Gemahlin Mut und ihres gemeinsamen Sohnes Chons in Karnak. Die Kultbilder der Triade wurden auf drei Tragschreinen in Barkenform auf den Schultern von Priestern feierlich aus ihren Tempeln herausgetragen und zur Anlegestelle des Flusses gebracht, wo für jeden Gott ein eigenes Nilboot bereitstand.

Die Priester, welche die Schreine getragen hatten, nahmen in dem entsprechenden Schiff ihre Plätze hinten ein, während die Götterbilder jeweils in der Mitte postiert waren. Zahlreiche mit Segeln ausgerüstete

Fußfragmente der Kolossalstatue Ramses' II. im Ramesseum

Boote schleppten die Barken von Amun, Mut und Chons stromaufwärts Richtung Süden. Taue spannten sich von den Nilschiffen der Götter zum Ufer, wo Hunderte von Menschen beim Ziehen halfen. Soldaten, nubische Tänzer, Sänger und Musiker begleiteten die Prozession. Bei der Ankunft am Kai des Luxor-Tempels nahmen die Priester wieder ihre Götterschreine auf die Schultern und schritten auf dem Weg zum Tempel vorbei an zahlreichen Tischen, auf denen vielerlei Opfergaben, Blumen und Früchte angehäuft waren.

Am Eingang des Heiligtums wurden die Götter von einer Gruppe besonders auserwählter Persönlichkeiten begrüßt, Tänzer zeigten ihre Kunst, und Musikantinnen des Amun sangen kultische Lieder. So begann das schöne Fest von Opet und sollte viele Tage dauern voll von Jubel, religiöser Begeisterung, Riten und Zeremonien, bis die Götter am Ende des Festes wieder nach Karnak zurückkehrten, auf dem gleichen Weg und in der gleichen Weise, wie sie gekommen waren.

Während des Opet-Festes konnte der Gott Amun seinen Willen durch Orakel kundtun. König Haremhab ließ sich so vor allem Volk durch den Gott Amun zum Pharao einsetzen. Ramses II. benützte das Opet-Fest, um den Nachfolger im vakanten Hohenpriesteramt des Amun zu bestimmen. Zu diesem Zweck trugen Priester auf ihren Schultern den Barkenschrein mit dem Gottesbild aus dem Allerheiligsten in den Tempelhof. Dort hatten sich die Würdenträger des Staates und die gesamte Priester-

Der Luxor-Tempel aus der Vogelperspektive. Deutlich sind die Anbauten Ramses' II. am Knick der Tempelachse zu erkennen

schaft des Amun versammelt. Auf ein Zeichen des Königs wurde nun eine Liste von Kandidaten vorgelesen, und man wartete, bei welchem Namen der Gott sein Einverständnis für die Berufung geben würde, wobei eine Rückwärtsbewegung des Kultbildes eine Verneinung ausdrückte, eine Vorwärtsbewegung aber die Zustimmung bedeutete.

Es war ein Akt politischer Klugheit, daß Ramses II. darauf verzichtete, irgendeine Persönlichkeit von sich aus als Hohenpriester zu ernennen, und statt dessen eine Kandidatenliste vorlegte, aus der sich der Gott Amun, das heißt die Priesterschaft, ihr Oberhaupt selbst auswählen konnte.

Einige Namen wurden aufgerufen, aber erst als der Name des Nebwenenef[74] genannt wurde, gab der Gott das Zeichen seines Einverständnisses.

Der Erwählte, der zum Zeitpunkt der wundersamen Berufung außerhalb Thebens lebte und wirkte, war kein Unbekannter, kein homo novus, sondern bereits Hoherpriester des Gottes Onuris (ein Jäger- und Kampfgott) und der Göttin Hathor von Dendera. Es war Ramses' Wille, selbst das neue Oberhaupt des Amun-Tempels von der Wahl zu unterrichten und ihm die Insignien seines Amtes zu überreichen. In der großen Weihe-Inschrift im Tempel von Sethos I. in Abydos erfahren wir von der Abreise des Königs aus Theben:

«Es geschah an einem dieser Tage im 1. Regierungsjahr, dem 3. Monat der Überschwemmungsjahreszeit, Tag 23 [Mitte Oktober], ... nach der Rückkehr Amuns nach Karnak ...

Beginn der Reise, das Setzen der Segel, die königlichen Barken lassen das Wasser erstrahlen, Richtung nordwärts zum Platz der Macht, dem Palast von Ramses, geliebt von Amun ‹Stark an Siegen›. Seine Majestät fuhr beiseite, um seinen Vater [Osiris] zu sehen, und durchquerte die Wasser des Kanals von Abydos, um Opfergaben dem Wennefer [anderer Name des Osiris] darzubringen mit allen guten Dingen, die sein Ka liebt.»[75]

Als Ramses Abydos betrat, fand er die Tempel und Gräber in einem halbfertigen, schon teilweise wieder verfallenden Zustand vor, und er wandte sich an seine herbeigeholten Hofleute und sprach:

Sehet, ich habe euch herbeirufen lassen
wegen eines Plans, der mir vorschwebt.
Ich habe Tempel und Grabanlagen in Abydos gesehen,
wo die Arbeiten daran unvollendet geblieben sind
von der Zeit ihrer Gründer bis zum heutigen Tag.
Sollte aber der Sohn nicht, der an Stelle seines Vaters steht,
die Denkmäler seines Erzeugers erneuern?
Ich besprach mich mit meinem Herzen:
Eine Glück verheißende Tat bedeutet doch die
Wiederherstellung von Zerstörtem.
Über alle Maßen nützlich ist es, Gutes zu tun!
Eine Herzensfreude stellt der Sohn dar,
der sich um seinen Vater kümmert.
Deshalb leitet mich mein Herz doppelt
bei der Ausführung herrlicher Taten für Sethos I.
Ich will erreichen, daß für immer und ewig gesagt wird:
Es ist sein Sohn, der seinen Namen belebt.
O, möchte mich mein Vater Osiris
dafür mit der langen Lebenszeit seines Sohnes Horus belohnen,
denn ich bin es, der genau das tut, was er getan hat.

Festprozession. Relief im Tempel Ramses' II. in Abydos

Ich bin so nützlich,
wie er für seinen Erzeuger nützlich war.[76]
Ramses spricht nun von der Statue seines Vaters, die er herstellen ließ, über die Versorgung des Verstorbenen und über die Fertigstellung des Sethos-Tempels in Abydos:
Ich bildete im ersten Jahr
meines Erscheinens als König
die Statue meines Vaters aus Gold neu.
Ich befahl, seinen Tempel herzurichten,
und ich setzte seine Ländereien fest …
Opfergaben für seinen Ka wies ich ihm zu …
Wein, Weihrauch, allerlei Früchte.
Ich kultivierte Bäume, die nur für ihn wachsen …
Ich will Mauern errichten lassen
in dem Gotteshaus dessen, der mich zeugte.
Zum Leiter dieser Arbeiten darin
setze ich einen Mann meiner Wahl ein.
Ich will verbessern,

was an seinen Mauern verfallen ist,
und ich will Einzugstore aus Stein errichten,
seinen Tempel eindachen
und seine Pfeiler aufstellen.
Ich will Steine an jeder Stelle des Fußbodens auslegen.
Es ist schön, Denkmal auf Denkmal zu errichten,
zwei herrliche Dinge zur gleichen Zeit.
Sie sind mit meinem Namen
und dem Namen meines Vaters versehen,
denn ein Sohn soll wie sein Erzeuger sein![77]

Nun wendet sich Ramses mit einem Anruf direkt an seinen verstorbenen Vater und enthüllt vor uns ägyptische Jenseitsvorstellungen:

Wach doch auf!
Richte dein Gesicht zum Himmel,
daß du den Sonnengott siehst,
o mein Vater Sethos, der du zu einem Gott geworden bist.
Siehe, deinen Namen belebe ich,
ich schütze dich.
Deine Opferbrote dauern,
während du wie Osiris in der Unterwelt ruhst,
denn ich bin als Sonnengott den Völkern erschienen!
Ich sitze auf dem Thron des Atum [Urwesen und Weltschöpfer, abendliche Erscheinungsform des Sonnengottes]
wie Horus, Sohn der Isis, der seinen Vater schützt …
Siehe, du bist in den Himmel eingetreten,
du bist im Gefolge des Sonnengottes.
Du hast dich unter die Sterne und den Mond gemischt.
In der Unterwelt ruhst du wie ihre Bewohner neben Wennefer,
dem Herrn der Ewigkeit.
Deine beiden Arme ziehen Atum im Himmel und auf Erden,
wie die unermüdlichen Sterne, die den Untergang nicht kennen [Fixsterne].
Du bist an der Spitze des Schiffes der Millionen Jahre,
und wenn der Sonnengott am Himmel aufgeht,
dann ruhen deine Augen auf seiner Schönheit.
Wenn Atum in die Erde [Unterwelt] *eintritt,*
dann bist du in seinem Gefolge.
Du bist in den geheimen Raum gelangt vor seinen Herrn,
dein Schritt ging tief bis in das Innere der Unterwelt,
und mit der Götterschaft des Totenreiches hast du dich verbrüdert.[78]

Während seines Aufenthalts in Abydos hat Ramses Nebwenenef, den neuen Hohenpriester des Amun, zur Audienz bestellt. In seinem Felsgrab in Theben-West berichtet Nebwenenef von dem großen Augenblick seines Lebens. Rechts, gleich neben dem Eingang des Grabes, ist er in der

Reliefkopf Ramses' II.,
vermutlich vom Tempel
Sethos' I. in Abydos

Tracht der Vornehmen, mit gestärktem, vorspringendem Mittelteil eines reich plissierten Schurzes und kahlköpfig dargestellt, wie er zusammen mit anderen Würdenträgern zum König aufblickt, der mit seiner Gemahlin Nefertari sich gnädig aus dem Fenster seines Palastes zu ihm neigt. In 23 Zeilen wird der feierliche Akt festgehalten:

«Da sagte seine Majestät:
Du sollst der Erste Prophet des Amun sein,
und unter deinem Siegel
sollen sein Schatzhaus und sein Speicher stehen.
Du sollst der oberste Mund seines Tempels werden,
und dir untergeordnet sind seine gesamten Einkünfte.»[79]

Als Nachfolger in den Ämtern, die Nebwenenef bisher innegehabt hatte, setzte Ramses den Sohn des Geehrten ein. Und der König verkündete ihm, daß Amun selbst es war, der seine Wahl zum Hohenpriester des Amun wollte.

53

Ich wiederholte ihm [Amun]
die [Namen] *aller Priester der Götter*
und der Großen seines Tempels,
als sie vor seinem Angesicht standen.
Aber er war mit keinem einzigen zufrieden,
bis ich ihm deinen Namen nannte …
Er hat dich ausgewählt wegen deiner Eigenschaften,
wegen deiner Tüchtigkeit hat er dich genommen.[80]

Der Hofstaat wirft sich nun zu Boden und preist die Herrlichkeit seiner Majestät mit Wünschen für eine lange und glückliche Regierung:

«Dein Königtum ist wie das deines Vaters Amun.
Du herrschst, wie er es getan hat.
Du bist auf Erden,
so wie die Sonnenscheibe am Himmel ist.
Deine Lebenszeit ist wie seine Lebenszeit.»[81]

Ramses überreichte nun dem Nebwenenef als Symbol seiner neuen Würde zwei Goldringe und einen Stab aus Elektron, dann fuhr er weiter nach Norden in seinen Palast nach Auaris. Zuvor aber hatte der Herrscher noch einen sakralen Bau, einen Gedächtnistempel, der ganz in der Nähe vom Gotteshaus Sethos' I. liegen sollte, in Auftrag gegeben.[82]

Blick in den Tempel Ramses' II. in Abydos

Die Großfamilie des Königs

Als Ramses die Regierung antrat, war er schon Vater zahlreicher Söhne und Töchter. In einigen Tempeln Ägyptens und Nubiens sehen wir die Königskinder dargestellt, jeweils auf einer Seite die Prinzen, auf der anderen die Prinzessinnen, wie sie hintereinander in einer Prozession schreiten. Die Anordnung wurde dabei durch das Geburtsdatum der einzelnen Kinder bestimmt, derart, daß der älteste Sohn und die älteste Tochter die Spitze bildeten, während die anderen in der Reihenfolge ihrer Geburt folgten.[83] Dabei spielte es keine Rolle, ob die Kinder von einer «Großen königlichen Gemahlin» oder von einer Nebenfrau stammten.

Als Ramses zum König gekrönt wurde, führten drei Frauen den Titel «Große königliche Gemahlin»: Hentmire, die seine Schwester war, Isisnofret und Nefertari, welche den Namenszusatz «Merit-en-Mut» (= Geliebte der Göttin Mut) trug. Von Hentmire, die wegen ihrer Abstammung den höchsten Rang eingenommen haben dürfte, sind keine Nachkommen bekannt. Vermutlich ist sie bald nach dem Regierungsantritt ihres Brudergemahls verstorben.[84]

Es ist bemerkenswert, daß der König nur die Kinder von Nefertari und Isisnofret begünstigte. Die anderen Prinzen und Prinzessinnen spielten kaum eine Rolle, so daß wir außer ihren Namen nichts über sie wissen. Der älteste Sohn des Königs, Amunherchepeschef, von Ramses II. zum Kronprinzen ernannt, war ein Kind der Nefertari und mag zu Beginn der Herrschaft seines Vaters acht bis zehn Jahre gezählt haben. Insgesamt hatte Ramses nachweisbar 40 Töchter und 45 Söhne; die in der Literatur oft genannten Zahlen von 100 Söhnen und 60 Töchtern halten einer Nachprüfung nicht stand und basieren letztlich – verfolgt man die Verweise zurück – auf dem Irrtum einiger Historiker des 19. Jahrhunderts.[85]

Weder Nefertari noch Isisnofret stammten aus dem königlichen Hause, ihre Eltern sind nicht bekannt, und man darf annehmen, daß sie bürgerlicher Herkunft waren. Die Umstände, unter denen sie zu Hauptgemahlinnen Ramses' II. wurden, sind verborgen, und es ist müßig, Spekulationen über die Gründe ihres Aufstiegs anzustellen. Ein besonders inniges Verhältnis scheint der König aber zu Nefertari gehabt zu haben. Ihr widmete er den kleinen Felstempel von Abu Simbel, für sie ließ er das schön-

Einer der Söhne Ramses' II. Reliefausschnitt aus der Prozession der Prinzen im Luxor-Tempel auf der Rückseite des Pylons

ste Grab im Tal der Königinnen anlegen[86], in dem die Jenseitsreise der etwa im 25. Regierungsjahr Ramses' II. verstorbenen Nefertari in meisterlichen Reliefs geschildert wird.

Isisnofret hat, nach den uns zur Verfügung stehenden Quellen zu schließen, die Gunst des Königs nicht in gleicher Weise erfahren, auch wenn sie Nefertari überlebte und erst im 34. Regierungsjahr des Königs

Königin Nefertari kniet anbetend. Bemaltes Relief in ihrem Grab

starb. Sie wurde in einem schmucklosen Grab im Tal der Könige beigesetzt[87]; allerdings war es Gesetz, daß in diesem Reichsfriedhof nur Pharaonen ein dekoriertes Grab erhalten konnten.

Ramses II. heiratete auch drei seiner Töchter und erhob sie zu «Großen königlichen Gemahlinnen». Die auserwählten Prinzessinnen waren Bintanat, eine Tochter der Isisnofret, sowie Meritamun und Nebet-taui,

vierte und fünfte Tochter der Nefertari.[88] Der Vorgang mag nach unseren heutigen Moralvorstellungen befremdlich erscheinen, aber Ramses war nicht der erste ägyptische König, der zur Reinerhaltung des königlichen Blutes Töchter zu «Großen königlichen Gemahlinnen» machte: Solche ehelichen Verbindungen lassen sich auch für Amenophis III. und Amenophis IV.-Echnaton gut belegen.[89]

Oft hielt der Tod Einzug in den königlichen Palast, und zahlreichen Söhnen und Töchtern mußte Ramses das Grabgeleit geben. Im 37. Regierungsjahr starb der Kronprinz Amunherchepeschef. Er wurde in einer für die Königssöhne bestimmten Grabanlage im Tal der Könige beigesetzt. Der zweitälteste Sohn Ramesse, ein Sohn der Isisnofret, der in der Thronfolge nachrückte, wurde fünf Jahre später dahingerafft. Schon lange vor ihm war der Drittälteste, Paraherwenenef, den Nefertari geboren hatte, gestorben, und nur drei Jahre war es Chaemwese, dem berühmtesten Sohn des Königs, vergönnt, den Titel eines «Erbprinzen» zu tragen, ehe er im 55. Regierungsjahr in der Nekropole von Memphis bestattet wurde.

Die Kronprinzenwürde ging dann auf den 13. Sohn Ramses' II., Merenptah über, weil alle Prinzen, die dem Alter nach vor ihm lagen, von Nebenfrauen stammten und daher keinen Anspruch auf die Thronfolge hatten.[90] Königin Isisnofret hatte Merenptah etwa in dem Jahr geboren, in dem Ramses II. gekrönt worden war; dieser Prinz war es, der nach seines Vaters Tod den Pharaonenthron besteigen konnte.

Die Königstochter und Große königliche Gemahlin Meritamun. Kalksteinstatue. Ägyptisches Museum Kairo

Wasser für Gold

Die gewaltigen Bauvorhaben des Königs, welche er seit seinem Regierungsantritt in Auftrag gegeben hatte, benötigten ein immenses Kapital: Um die Kasse des Staates zu füllen, mußten aus den Bergwerken des Königs immer mehr Gold und Silber gewonnen werden.

Im dritten Regierungsjahr, im vierten Monat der Überschwemmung, am Tag 10, wurden die Anbauten am Luxor-Tempel abgeschlossen[91]: Es stand der neue Vorhof mit den Einzugstoren, und die beiden Obelisken aus Rosengranit waren aufgerichtet. (Heute noch findet sich einer von ihnen an Ort und Stelle, während der andere im vorigen Jahrhundert nach Paris verbracht wurde und seither die Place de la Concorde schmückt.)[92]

Bei den Einweihungsfeierlichkeiten weilte der König in Theben, kehrte von dort nach Memphis zurück und hielt im ersten Monat der Winter-Jahreszeit, am Tag 4, in seinem Palast einen Kronrat ab, in dessen Mittelpunkt der Bericht des Vizekönigs von Kusch, Amunemipet, stand, der noch nicht lange im Amt war.[93] Er machte auf die Schwierigkeiten bei der Goldgewinnung im trockenen, 64 Kilometer langen Wadi Allaqi aufmerksam, einem Goldminengebiet in der Ostwüste Unternubiens. Dort erfolgte der Goldabbau schon seit Jahrhunderten, wie es die Inschriften von ägyptischen Expeditionen am Unterlauf des Wadi belegen. Seit dem Mittleren Reich wurden die Goldminen durch eine Festung gesichert, die man heute nach einem nubischen Dorf «Festung von Quban» zu nennen pflegt. Quban lag ungefähr 130 Kilometer südlich von Assuan und ist durch den großen Staudamm Sadd el Ali für immer im Nasser-See verschwunden.

Die Ereignisse, die im Kronrat im Dezember 1277 v. Chr. behandelt wurden, sind uns auf einer berühmten Stele aus Granit überliefert, welche aus Quban stammt; sie wurde 1842 von dem französischen Sammler Louis de Saint-Ferriol[94] entdeckt und gelangte 1877 nach dessen Tod in das Museum von Grenoble. Leider ist der untere Teil beschädigt; der Text kann dort zwar dem Inhalt nach, aber nicht wortwörtlich gelesen werden. Gerade bei diesem Stück historischer Literatur werden die Verfremdungen deutlich, welche die wirklichen Geschehnisse durch die kultisch-propagandistische Überhöhung erfahren haben:

Der Eingang zum Luxor-Tempel, flankiert von Kolossalstatuen Ramses' II. Rechts die Basis des heute in Paris stehenden Obelisken

«Seine Majestät war in Memphis, um den Kult an seinen Vätern, an sämtlichen Göttern des Südens und des Nordens zu vollziehen, da sie ihm ja entsprechend Stärke, Siege und eine hohe Lebenszeit von Millionen Regierungsjahren schenken sollten. An einem dieser Tage geschah es, daß seine Majestät auf dem großen Thron aus Elektron saß, geschmückt mit dem Doppelfederdiadem, und über die Länder nachdachte, von denen das Gold herbeigebracht wurde. Er bedachte Möglichkeiten, Brunnen an den Wegstrecken zu graben, die an Wassermangel litten, nachdem man sagen hörte, daß es in der Wüste von Allaqi viel Gold gäbe, jedoch

61

der Weg zu ihm wegen des Wassermangels sehr schwierig sei. Gingen einige von den Goldschürfern dorthin, so erreichte nur die Hälfte von ihnen das Ziel, [die anderen] starben vor Durst auf dem Weg zusammen mit ihren Eseln, die vor ihnen hergingen. Auf dem Hin- und Rückweg fand man für ihren Trinkbedarf kein Wasser für die Schläuche. Wegen des Wassermangels brachte man kein Gold aus diesem Land.

Da sagte seine Majestät zu dem Siegelbewahrer an seiner Seite:

Nun rufe die Großen des Hofes zusammen, denn meine Majestät möchte sich mit ihnen über dieses Land beraten. Ich möchte die nötigen Maßnahmen ergreifen.

Sofort brachte man sie [die Großen des Hofes] vor den vollkommenen Gott [d. h. den König], und ihre Arme waren emporgehoben zu seinem Ka, jubelnd und den Erdboden küssend vor seinem schönen Angesicht. Der König sprach zu ihnen über die Natur dieses Landes und diskutierte mit ihnen über die Absicht, einen Brunnen auf dem Wege dorthin anzulegen.» Jetzt folgt auf der Stele die Rede der Höflinge, die kunstvoll als Hymnus[95] auf den Herrscher gestaltet ist:

«Du bist wie Re, in allem, was du tust;
das, was dein Herz möchte, tritt ein.
Wenn du irgend etwas in der Nacht wünschst,
so geschieht es am Morgen sofort,
und man handelt nach deinem Herzen.
Wir haben eine Fülle deiner Wundertaten gesehen,
seit du als König der beiden Länder erschienen bist;
wir hörten nicht und unsere Augen sahen nicht,
und doch geschahen sie, wie sie da sind.
Alles, was aus deinem Munde kommt,
ist wie die Worte des horizontischen Horus.
Eine Waage ist deine Zunge,
und deine beiden Lippen sind genauer
als das korrekteste Maß des Thot.
Gibt es ein fernes Land, das du nicht kennst?
Wer ist so wissend wie du?
Wo ist der Platz, den du nicht gesehen hast?
Kein Fremdland gibt es, das du nicht durchmessen hast.
Alle Dinge gelangen an deine Ohren,
seit du dieses Land verwaltest.
Du machtest Pläne, da du noch im Ei warst
in deiner Würde als kronprinzliches Kind.
Dir teilte man schon die Aufgaben Ägyptens mit,
als du noch ein Knabe mit der Jugendlocke warst.
Kein Bauwerk entstand, wenn nicht auf deinen Wink,
und keine Anordnung gab es ohne dein Wissen.
Du warst noch ein Kind von zehn Jahren,

da man dich zum Befehlshaber der Armee machte.
Jede Arbeit, die es zu verrichten gab,
wurde durch deine Hand begonnen.
Wenn du zum Wasser sprichst: ‹Komm aus dem Berg!›
so fließt das Wasser sofort nach deinem Ausspruch heraus,
denn du bist der Sonnengott in Person,
Chepri in seiner wahren Gestalt.
Du bist das lebendige Bild
deines Vaters Atum in Heliopolis.
Schöpferkraft ist in deinem Munde,
Erkenntnis in deinem Herzen.
Deine Zunge ist ein Schrein der Maat,
und ein Gott sitzt auf deinen Lippen.
Deine Worte geschehen tagtäglich,
wie wenn man Ptah nacheifert,
dem Schöpfer der Künste.
Du wirst immer sein,
nach deinen Ratschlüssen wird man handeln
und auf alles das hören,
was du angeordnet hast, o König, unser Herr!»[96]
Nach diesem Hymnus kommt man auf das eigentliche Thema zurück:
«Was nun das Land von Allaqi angeht, so muß dies darüber gesagt werden», lautet ein Rapport des Königssohns von Kusch, des elenden, an seine Majestät: [Das Land] war seit der Zeit Gottes in einem schlimmen
Zustand des Wassermangels; die Menschen verdursteten in ihm, und jeder frühere König wollte dort einen Brunnen anlegen, aber sie hatten keinen Erfolg. König Sethos I. tat desgleichen und veranlaßte seinerzeit, ei-
nen Brunnen von 120 Ellen [1 Elle = 52,5 cm] Tiefe zu bohren. Aber die
Arbeit an ihm blieb unvollendet, und kein Wasser kam aus ihm heraus.
Wenn aber du selbst zu deinem Vater, dem Nilgott Hapi, dem Vater der
Götter, sprichst:
‹Gib, daß Wasser aus dem Berge hervorkommt!›, so wird er alles tun,
wie du gesagt hast gemäß jedem deiner Wünsche, die vor uns in Erfüllung
gehen, von denen man nie in Erzählungen hörte, weil deine Väter, alle
Götter, dich mehr lieben als jeden König, der seit Re gewesen ist.
Da sagte seine Majestät zu diesen Vornehmen:
O wie wahr, wie wahr ist dies alles, was ihr gesagt habt, meine Freunde!
Kein Wasser wurde seit der Zeit Gottes in diesem Fremdland gewonnen.
Ich aber, ich werde einen Brunnen dort anlegen, der tagtäglich Wasser
gibt …[97]
Der König ließ nun einen Brief mit Instruktionen für den Brunnenbau
an den Königssohn von Kusch senden, und dieser führte alle Anordnun-
gen des Königs aus. Nach einiger Zeit kam dann ein Bote mit einem Brief
vom Königssohn von Kusch mit folgendem Inhalt:

Ramses II. Statue in dem von ihm erbauten Großen Säulenhof
des Luxor-Tempels

«O König, mein Herr, alles, was du mit deinem eigenen Mund angeordnet hast, ist geschehen. Wasser kam aus dem Brunnen bei 12 Ellen, und es
steht 4 Ellen tief in ihm ...» Und am Ende der Stele heißt es: «Der Name
des Brunnens soll sein: ‹Brunnen, Ramses II. ist stark an Taten!›»[98]

Eine Schlacht geht verloren

Im 4. Regierungsjahr forderte Ramses II. erstmals die Hethiter unter ihrem König Muwatallis[99], dem Enkel des großen Suppiluliuma, heraus, indem er einen Asienfeldzug unternahm. Er führte sein Heer an der Küste Palästinas entlang bis an den Nahr el-Kelb, den «Hundsfluß», nördlich von Beirut; eine Stele, die er dort anbringen ließ, vermittelt uns noch das Datum dieses Ereignisses, doch ist der weitere Text so abgerieben, daß er nicht mehr lesbar ist.[100] Wir wissen aber, daß der Feldzug erfolgreich verlief und den Anschluß des Kleinstaates Amurru unter seinem König Bentesina[101] an Ägypten brachte.

Durch diesen ersten «Feldzug des Sieges», wie es gewöhnlich in ägyptischen Berichten zu heißen pflegt, ermutigt, überschritt Ramses im April 1274, seinem fünften Regierungsjahr, die ägyptische Grenze bei Sile, um die Stadt Kadesch (heute Tell Nebi Mend) zurückzuerobern, die von seinem Vater Sethos I. eingenommen worden war, später aber wieder in die Hände der Hethiter gefallen war. Das ägyptische Heer zählte etwa 20 000 Mann und war in vier Divisionen eingeteilt, die, wie schon unter Sethos I., nach den Göttern Amun, Re, Ptah und Seth benannt waren.[102] Die Bewaffnung bestand aus Pfeil und Bogen, Wurfspeer mit Metallspitze, Axt sowie Dolch und Krummschwert. Zum Schutz trug man einen nach oben leicht gewölbten Schild, einen kugelähnlichen Helm aus Leder und einen Brustschutz aus gestärktem Leinen.[103]

Der Vormarsch geschah in Etappen; man legte täglich eine Wegstrecke von ca. 15 bis 20 Kilometern zurück, wobei grundsätzlich am Tage marschiert wurde. Nachts kampierten die Divisionen in einem Zeltlager, das durch einen Wall von Schildern umschlossen war. Während des Marsches bildeten Kundschafter die Vorhut, dann folgte der König mit seiner Leibgarde, und dahinter kamen die einzelnen Divisionen. Die Fußtruppen marschierten unbewaffnet; ihre Ausrüstung wurde in Wagen mitgeführt. Das Rückgrat des Heeres bildeten die schnell beweglichen Streitwagen: Jeder dieser zweirädrigen, von Pferden gezogenen Wagen hatte zwei Mann Besatzung, einen Lenker, der auch Schildträger war, sowie einen Kämpfer. Die beiden Pferde, welche den königlichen Streitwagen zogen, hießen «Sieg von Theben» und «Mut ist zufrieden», der Name von Ram-

Marschierende ägyptische Soldaten mit Lanzen und Schildern.
Bemaltes Holzmodell, um 2000 v. Chr. Ägyptisches Museum Kairo

ses' Schildträger war Menna. In der unmittelbaren Nähe des Königs, der
wie üblich die Spitze bildete, befanden sich neben der Leibgarde auch der
Vezir des Südens und einige seiner Söhne, darunter der Kronprinz
Amunherchepeschef.

So marschierte die Armee auf der alten Küstenstraße nordwärts bis zur

Ägypten, Vorderasien und das Hethiterreich

Ebene von Saron. Dort trennte sich eine kleine Einheit von Soldaten, eine Art Eingreiftruppe, vom Heer, um an der Küste bis zur Eleutheros-Mündung und dann vom Westen her nach Kadesch vorzurücken, während Ramses mit dem Gros seiner Armee über den Landweg dorthin marschierte. Genau nach einem Monat erreichten sie eine Anhöhe, von der aus man die etwa 25 Kilometer entfernte Stadt Kadesch sehen konnte, die zwischen dem nach Norden fließenden Fluß Orontes (= Nahr el-Asi) und einem kleinen Nebenfluß, el-Mukadiye, dalag. Die strategische Bedeutung der Stadt war groß, denn jedes Heer, das auf dem Zug nach

Norden oder Süden die Küste Palästinas meiden wollte, mußte durch dieses Hochtal zwischen dem Libanon und dem Antilibanon ziehen.

Die kriegerischen Aktivitäten von König Ramses in Syrien und Palästina und der Abfall von Amurru hatten aber inzwischen auch den Hethiterkönig Muwatallis auf den Plan gerufen, der mit einer gewaltigen, aus allen Ländern, die ihm verbündet oder unterworfen waren, zusammengestellten Armee den ägyptischen Streitkräften entgegenzog. Die aus sechzehn Provinzen stammenden alliierten Truppen der Hethiter waren in zwei Abteilungen gegliedert, wobei die eine 18 000, die andere 19 000 Soldaten zählte; dazu kam noch eine Eliteeinheit von 2500 Wagenkämpfern.

Über die Kampfereignisse, die um Kadesch entbrennen sollten, sind wir sehr gut informiert, denn Ramses II. hat sowohl einen Prosabericht mit bildlichen Darstellungen als auch ein Gedicht der Schlacht, verfaßt von einem uns namentlich nicht bekannten Hofpoeten, an vielen Tempelwänden Ägyptens und Nubiens anbringen lassen. Den Verlauf des Kampfgeschehens überlieferten dazu hethitische Quellen, die uns erlauben, die ägyptischen Schilderungen besser zu beurteilen.

Ramses hatte die Nacht vor der Schlacht auf jener Hügelkuppe vor Kadesch verbracht; der Prosabericht beginnt nun mit dem Datum: «5. Regierungsjahr, 3. Monat der Sommerjahreszeit, Tag 9» und fährt nach den Titeln des Königs und einer Einleitung fort: «Im Zelt seiner Majestät im Hügelland südlich von Kadesch gab es ein schönes Erwachen zu Leben, Heil und Gesundheit. Dann in der Morgenzeit erschien seine Majestät wie der Aufgang des Re. Die herrliche Rüstung seines Vaters Month [des Kriegsgottes] hatte er angelegt. Der Herrscher zog weiter nach Norden.»[104]

Das ägyptische Heer rückte am Ostufer des Orontes vor: Ramses und sein Stab marschierten voran, hinter ihnen die erste Division Amun und in einem Abstand von jeweils zehn Kilometern die übrigen Heeresgruppen Re, Ptah und Seth. Ramses beging jetzt den ersten strategischen Fehler, als er, ohne auf die drei weiter zurückhängenden Divisionen zu warten, mit der Heeresgruppe Amun den Fluß Orontes in einer Furt, etwa sieben Kilometer westlich vom heutigen Ribla, durchquerte. Der Fluß ist dort keine zwölf Meter breit, das Flußbett besteht aus festem Kalkstein und bereitete auch den Streitwagen keine Schwierigkeiten beim Übersetzen, selbst wenn Bohlen dafür ausgelegt werden mußten. Nach der Durchquerung wurden zwei Beduinen vom Stamme der Schasu aufgegriffen und dem König vorgeführt.

«Sie sprachen zu seiner Majestät: ‹Unsere Brüder, welche zu den Großen des Stammes gehören, der sich jetzt unter dem Feind aus dem Hethiterland befindet, haben veranlaßt, daß wir zu Eurer Majestät gekommen sind, um zu sagen: Wir wollen Vasallen des Pharaos sein, den Fürsten aus dem Hethiterland aber wollen wir verlassen!› Seine Majestät sprach zu ihnen: *Wo befinden sich eure Brüder, die euch geschickt haben,*

Ein gezähmter Löwe begleitet König Ramses II. in die Schlacht.
Bemaltes Relief im Großen Tempel von Abu Simbel

um mit meiner Majestät diese Angelegenheit zu besprechen? Da sagten sie
zu seiner Majestät: ‹Sie sind da, wo der elende Fürst vom Hethiterland ist;
der Feind aus dem Hethiterland befindet sich nämlich in Aleppo, nördlich von Tunip, und er fürchtet sich aus Angst vor Pharao, südwärts zu
ziehen, seit er hörte, daß Pharao nordwärts kommt.›»[105]

In diesem Moment beging Ramses seinen zweiten Fehler, weil er den
Worten dieser Beduinen, die der Hethiterkönig ausgeschickt hatte, um
den Gegner in die Irre zu führen, vertraute und die Streitmacht der
Hethiter in Nordsyrien, also mehr als 200 Kilometer von Kadesch entfernt, vermutete. Er ahnte nicht, daß Muwatallis mit seiner Armee nur
wenige Kilometer östlich von Kadesch lagerte und auf eine günstige Gelegenheit zum Angriff wartete. Im altägyptischen Text heißt es: «So stand
er gerüstet und schlachtbereit hinter Alt-Kadesch, aber seine Majestät
wußte nicht, daß sie dort waren.»[106]

Mit seinem Stab und der ersten Division marschierte Ramses an
Schabtuna vorbei nach Norden und überquerte den kleinen Nebenfluß
des Orontes, el-Mukadiye. Der Text fährt fort: «Er kam nordwestlich von

Kadesch an. Dort schlug das Heer seiner Majestät [hier ist nur die Division Amun gemeint] am Nachmittag das Lager auf. Seine Majestät nahm Platz auf einem Thron aus Elektron, nördlich von Kadesch, auf der westlichen Seite des Flusses Orontes. Da kam ein Kundschafter, der im Gefolge seiner Majestät war, mit zwei Spionen des Feindes aus dem Hethiterland. Als man sie vorgeführt [und, wie die Bilder zeigen, mit Stockschlägen gefügig gemacht] hatte, sagte seine Majestät zu ihnen: *Wer seid ihr?* Sie sagten: ‹Wir gehören zum Fürsten des Hethiterlandes, und er ist es, der uns herkommen ließ, um auszukundschaften, wo Eure Majestät sich befindet.› Darauf sagte seine Majestät zu ihnen: *Wo ist er, der Feind aus dem Hethiterland? Siehe, ich hörte, daß man sagte, er sei im Gebiet von Aleppo, nördlich von Tunip.* Da sagten sie zu seiner Majestät: ‹Siehe, der Fürst aus dem Hethiterland hat Stellung bezogen mit zahlreichen Ausländern, die in seiner Begleitung sind und die er als Streitmacht mitgebracht hat [es folgt nun eine Aufzählung der sechzehn alliierten Länder]. Sie sind ausgerüstet mit Fuß- und Streitwagentruppen und mit ihrem Kriegsgerät. Sie sind zahlreicher als der Ufersand. Siehe, sie stehen gerüstet, um zu kämpfen, hinter Kadesch.› Da ließ seine Majestät die Befehlshaber vor sich rufen und veranlaßte, daß sie all die Worte, welche die beiden Spione des Feindes aus dem Hethiterland vor ihm gesagt hatten, hörten. Dann sagte seine Majestät zu ihnen: *Sehet doch die Lage, in die der Gouverneur der Fremdländer und die Befehlshaber des Landes Pharaos stecken! Jeden Tag standen sie da, indem sie zum Pharao sprachen: ‹Der elende Feind aus dem Hethiterland befindet sich in dem Gebiet von Aleppo, nördlich von Tunip. Er ist vor meiner Majestät geflohen, als er hörte, daß der Pharao kommt.› So sagten sie zu meiner Majestät tagtäglich. Sehet, nun höre ich in diesem Augenblick von diesen beiden Spionen des Feindes aus dem Hethiterland, daß der elende Feind aus dem Hethiterland gekommen ist, zusammen mit vielen Völkern, die bei ihm sind, Menschen und Pferde zahlreicher als der Sand. Sehet doch, sie stehen kampfbereit hinter Alt-Kadesch, während mein Gouverneur der Fremdländer und meine Befehlshaber des Landes Pharaos uns nicht zu sagen vermochten, daß sie [die Feinde] gekommen sind.*

Die Befehlshaber, die anwesend waren, sie antworteten dem vollkommenen Gott [dem König]: ‹Es war ein schwerer Fehler, daß der Gouverneur der Fremdländer und die Befehlshaber des Pharaos unfähig waren, den Feind aus dem Hethiterland von sich aus auszukundschaften, wo immer er auch war, um täglich seiner Majestät Meldung über ihn zu erstatten.›

Man befahl dem Vezir, das Heer des Pharao, das südlich von Schabtuna marschierte, zur Eile anzutreiben, damit es dorthin kam, wo seine Majestät sich befand.

Noch während seine Majestät dasaß und mit den Befehlshabern sprach, da kam der elende Feind aus dem Hethiterland mit seinen Fuß-

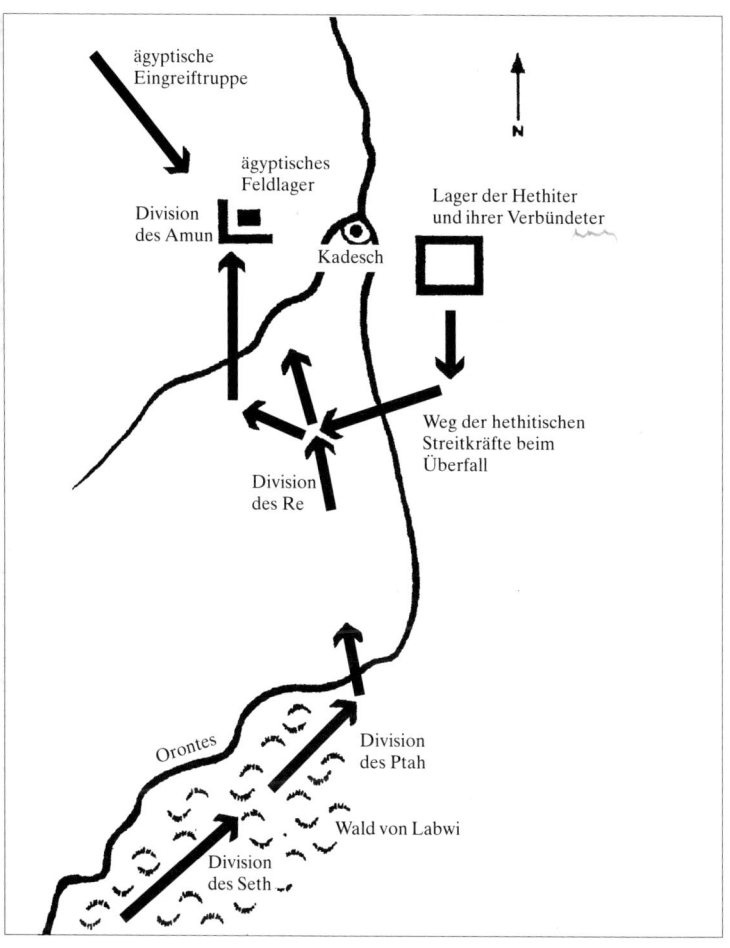

Die Schlacht von Kadesch

und Streitwagentruppen sowie den zahlreichen Völkern, die mit ihm verbündet waren. Sie hatten eine Furt [des Orontes] südlich von Kadesch durchquert und überfielen das Heer seiner Majestät, während es auf dem Marsch war und nichts davon ahnte.

[Muwatallis griff die 2. Division Re an, welche den Orontes schon überschritten hatte und östlich von Schabtuna vorbeigezogen war.] Die Fuß- und Streitwagentruppen seiner Majestät flohen vor ihnen nach Norden zu dem Platze, wo seine Majestät sich befand. Darauf umzingelten die Streit-

Der Streitwagen des Hethiterkönigs Muwatallis auf der Flucht vor Ramses II.
Relief auf dem Pylon des Luxor-Tempels

kräfte des Feindes aus dem Hethiterland die Gefolgsleute seiner Majestät, die an seiner Seite waren.»[107]

Wie wir aus den Schilderungen entnehmen können, befand sich Ramses in einer fast ausweglosen Situation: Er selbst, seine Leibgarde und die 1. Division Amun waren umzingelt, die 2. Division Re war in alle Winde versprengt und auf der Flucht, während die 3. Heeresgruppe Ptah, weit entfernt und nichts ahnend, gerade dabei war, über den Orontes zu setzen. Noch weiter weg, durch den Wald von Labwi, marschierte die Division Seth.

Ramses und einige getreue Soldaten leisteten den hethitischen Streitwagentruppen erbitterten Widerstand, aber dem Hethiterkönig Muwatallis, der die militärische Aktion selbst leitete, schien der vollständige Sieg schon sicher zu sein, als im letzten Augenblick von Westen her jene ägyptische Eingreiftruppe erschien, welche über die palästinensische Küstenstraße marschiert war.

Dieser Truppe gelang es zwar nicht mehr, die Schlacht umzukehren, doch konnte sie den ägyptischen König aus seiner hoffnungslosen Lage unverletzt befreien: Die Ägypter suchten dann ihr Heil in der Flucht.

König Muwatallis setzte den Flüchtenden nicht nach, da er offenbar zunächst mit seinem Überraschungsangriff zufrieden war, und kehrte mit seinen militärischen Einheiten auf das Ostufer des Orontes zurück. Im Schutze der hereinbrechenden Nacht sammelte Ramses seine angeschlagenen Heeresgruppen Amun und Re südlich von Schabtuna und vereinigte sich mit den an der Kadesch-Schlacht nicht beteiligten Divisionen Ptah und Seth.

Am nächsten Morgen erhielt Ramses von dem Hethiterkönig einen Brief, der vermutlich die Aufforderung enthielt, sich einer neuen Schlacht zu stellen. Das «Kadeschgedicht» vermittelt aber einen anderen, für die ägyptische Nachwelt angenehmeren Brief des Inhalts, daß der geschlagene Muwatallis vom siegreichen Ramses den Frieden erbeten habe. Dann heißt es weiter:

Da veranlaßte meine Majestät, daß man mir alle Oberkommandierenden der Fuß- und Streitwagentruppen herbeiholte, alle meine Offiziere insgesamt waren versammelt an einem Platz, um sie über die Angelegenheit zu unterrichten, von der er [der Hethiterkönig] geschrieben hatte. Meine

König Ramses II. auf seinem Streitwagen greift die Hethiter an.
Relief auf dem Pylon des Luxor-Tempels

Fallende Hethiter. Aus der Darstellung der Schlacht von Kadesch auf der Außenmauer des Tempels Ramses' II. in Abydos

Majestät ließ sie alle Worte hören, die der elende Fürst des Hethiterlandes mir geschickt hatte. Dann sagten sie mit einer Stimme: ‹Überaus gut ist Frieden, o König, unser Herr! Versöhnung ist keine Schande, wenn du sie übst. Denn wer könnte am Tage deines Grimmes gegen dich bestehen?› Meine Majestät befahl, auf seine Worte zu achten, und zog in Frieden südwärts.[108]

Man kann mit Sicherheit annehmen, daß eine offene Feldschlacht bei der drückenden Überlegenheit der Hethiter einer Vernichtung des ägyptischen Heeres gleichgekommen wäre. So bewies Ramses politischen Weitblick: Er schonte sein Heer und trat einen geordneten Rückzug an. Der Kleinstaat Amurru ging wieder an die Hethiter; Muwatallis setzte dessen König Bentesina ab, der zwar nicht getötet, aber interniert wurde, und ernannte einen anderen Herrscher namens Sabili[109].

Die Niederlage von Kadesch wurde in Ägypten aber zu einem grandiosen Sieg und Triumph des Königs Ramses verklärt. So liest man im Schlachtbericht: «Er achtete nicht auf die fremde Übermacht, sondern er sah sie an als ein Nichts. Seine Majestät drang in die Streitmacht des Feindes aus dem Hethiterland und der zahlreichen Länder, die mit ihm waren. Seine Majestät war wie Seth, der Mächtige an Stärke, er war wie Sachmet in den Augenblicken ihrer Wut. Seine Majestät metzelte die Streitmacht des Hethiterlandes insgesamt nieder, zusammen mit ihren großen Fürsten und all ihren Brüdern, ebenso wie all die Fürsten jeglicher Fremdländer, die mit ihm gekommen waren. Ihre Fuß- und Streitwagentruppen fielen auf ihre Gesichter, einer über den anderen. Seine Majestät tötete sie an ihren Plätzen, und sie lagen hingestreckt vor seinen Pferden. Seine Majestät aber war allein, niemand war in seiner Begleitung … *Ich besiegte alle Länder, ich allein, denn meine Fuß- und Streitwagentruppen hatten mich verlassen; keiner von ihnen kam zurück.*»[110]

Im längeren «Kadeschgedicht» wird die Not des Königs, der, von seinem Heer verlassen, sich in Einsamkeit der Übermacht des Feindes ausgeliefert sieht, eindrücklich durch ein Gebet an Amun geschildert, das gleichzeitig auch ein Dokument der persönlichen Frömmigkeit darstellt, die dem religiösen Zeitgeist entsprach:

Was ist mit dir, mein Vater Amun?
Ziemt es einem Vater, seines Sohnes zu vergessen,
und habe ich je etwas ohne dich getan,
gehe und stehe ich nicht auf dein Geheiß?
Denn nie habe ich einen Befehl von dir übertreten!
Zu groß ist er doch, der große Herr Ägyptens,
als daß Fremdvölker ihm entgegentreten könnten!
Was sind diese Asiaten für dich, Amun,
die Elenden, die Gott nicht kennen?

Habe ich dir nicht überaus viele Denkmäler errichtet
und deine Tempel angefüllt mit meiner Beute,
habe ich nicht für dich meinen Totentempel erbaut
und dir meinen ganzen Besitz überschrieben?
Sämtliche Länder habe ich dir zugeführt, um deine
    Gottesopfer zu speisen,
Zehntausende von Rindern ließ ich dir opfern,
dazu allerlei duftende Kräuter!

Keine Wohltat habe ich zurückgehalten,
daß ich sie nicht täte in deinem Heiligtum:
Ich habe dir hohe Pylone erbaut
und dir selber ihre Flaggenmasten aufgestellt,
ich habe dir Obelisken aus Elephantine gebracht,
wobei ich selber den Steinträger spielte!
Ich habe dir Schiffe auf dem Meer zugeführt,
damit ich dir die Abgaben der Länder heranschiffe.
Was soll man meinen, wenn ein Unglück dem geschieht,
der sich deinem Willen beugte?

Tu Gutes dem, der auf dich zählt,
dann wird man handeln für dich mit liebendem Herzen!
Zu dir rufe ich, mein Vater Amun,
da ich mitten in Feindesmassen bin, die ich nicht kenne!
Alle Länder haben sich gegen mich verbunden,
ich aber bin ganz allein und kein anderer mit mir,
denn meine zahlreiche Truppe hat mich verlassen,
von meinen Wagenkämpfern schaut niemand nach mir.
Wenn ich auch schreie nach ihnen –
keiner von ihnen hört mich!

Aber ich rufe, weil ich Amun besser fand
als Millionen Soldaten und Hunderttausende von
    Wagenkämpfern,
als zehntausend Mann an Brüdern und Söhnen,
die einmütig zusammenstehen –
das Werk vieler Menschen ist nichts, Amun ist besser
    als sie!
Bis hierher bin ich gelangt auf deinen Rat hin,
Amun, und bin nicht von deinem Rat abgewichen;
jetzt bete ich am Ende der Welt,
doch meine Stimme soll in Theben widerhallen! [111]

Wenn man den Verlauf der Schlacht betrachtet, so muß man wohl sagen, daß Ramses, der stets an der Spitze seines Heeres stand, über persönlichen Mut und Tapferkeit verfügte, doch in dieser Schlacht nicht eben glücklich operierte. Allerdings verstand er es geschickt, einer militärischen Katastrophe zu entgehen und sein Heer vor der vollständigen Vernichtung zu bewahren. Märchenhaft aber war die Propagandaleistung Ramses' II., der die Ereignisse der Kadesch-Schlacht an zahlreichen Tempeln des Landes darstellen ließ, in detailgetreuen Bildern und poetischen Texten. Diese Schilderungen heben sich so ungewöhnlich von den Schilderungen anderer Schlachten ab, daß man sich fragen muß, was Ramses gerade an diesem, für Ägypten so unrühmlich verlaufenen Kampf gereizt haben mag. Es ging ihm wohl nicht allein um die Verkündung eines königlichen Sieges, eines Triumphes, zumal in der ägyptischen Auffassung vom Königtum Pharao grundsätzlich seine Feinde zu bezwingen hatte.

Das Besondere, das Herausragende dieser Schlacht ist einerseits in Ramses' persönlichem Erlebnis zu suchen: Seit mehreren Generationen lebten die Ägypter mit den Hethitern in militärischer Konfrontation, aber es war wohl das erste Mal, daß sich auf dem Schlachtfeld der ägyptische und der hethitische König Auge in Auge gegenüberstanden. An Dramatik gewinnt dieses einmalige Ereignis noch durch das Versagen des ägyptischen Heeres, das seinem König in der Not nicht beistehen konnte. Welch

Ramses II. und
Gott Amun.
Doppelstatue aus
Alabaster im
Großen Säulen-
saal des Tempels
von Karnak

ein Schauspiel! Der König – nicht ganz so allein, wie er es schildert – trotzt
der Übermacht des Feindes und entkommt unverletzt. Ramses' Vorliebe
für die Kadesch-Schlacht erklärt vielleicht ein Satz aus einem altägyptischen Märchen: «Wie freut man sich, wenn man berichtet, was man
durchgemacht hat, wenn erst das schlimme Erlebnis vorüber ist.»[112]

Andererseits wird in den Berichten den Führern des ägyptischen Heeres ein schlechtes Zeugnis ausgestellt und die Hilflosigkeit der hohen Offiziere so schonungslos offengelegt, daß das Militär deutlich an Einfluß
auf den Staat verlor. So mögen hier bereits die Weichen für den späteren
Frieden gestellt worden sein.[113]

Der lange Weg zum Frieden

Bei seinem Rückzug aus Vorderasien hatte Ramses II. den Hethitern kampflos die nördlich von Damaskus gelegene Provinz Upe überlassen müssen. Beeindruckt von diesem Zeichen militärischer Schwäche hielten die südlichen syrischen Kleinstaaten den Zeitpunkt für gekommen, um sich vom Nilland, dem sie tributpflichtig waren, abzusetzen und eigene politische Wege zu gehen; sie stellten die Abgaben an Ägypten kurzerhand ein.

Dieser Absetzbewegung seiner ihm noch in Vorderasien verbliebenen Einflußgebiete konnte Ramses nicht lange untätig zusehen, und so brach er mit seiner Armee im 7. oder 8. Regierungsjahr zu einem weiteren Feldzug auf.[114]

Zuerst eroberte er Askalon[115] zurück, die wichtige Hafenstadt Südpalästinas, die mehrfach auch in den Büchern der Bibel Erwähnung findet. Dann marschierte er durch Galiläa, überquerte den Jordan und drang jenseits des Toten Meeres in das neue Königtum Moab[116] ein, das im Ostjordanland entstanden war. Er wandte sich mit seiner Armee südwärts, passierte die Stadt Dibon, die er eroberte, und vereinigte sich mit der raschen Eingreiftruppe des Kronprinzen Amunherchepeschef, die, über das Hügelland von Negev kommend, militärische Aktionen südlich des Toten Meeres durchgeführt hatte. Schließlich zog die gesamte Armee nordwärts nach Damaskus und konnte die Provinz Upe kampflos wieder unter ägyptische Oberherrschaft bringen.

Daß diese ausgedehnten Feldzüge auf so wenig Widerstand bei den Hethitern stießen, lag sicher auch daran, daß zu dieser Zeit Ramses' Kontrahent von Kadesch, König Muwatallis, in Hattusas, der Hauptstadt der Hethiter (dem heutigen Bogazköy in Anatolien), starb. Die einsetzenden innenpolitischen Streitigkeiten führten zu einer Führungsschwäche im Hethiterreich, die es Ramses erlaubte, seinen Feldzug ungestört durchzuführen. Den verwaisten Thron des Hethiterreiches beanspruchten sowohl der Bruder des verstorbenen Königs, Hattusilis[117], als auch Muwatallis' Bastardsohn Urhitesup[118], der sich schließlich durchsetzte und als Mursilis III. Nachfolger seines Vaters wurde.

Ramses aber konnte in weiteren Feldzügen an der Küste Palästinas die

Ramses II. hält Feinde am Haarschopf gepackt, um sie mit dem Beil niederzu-
schlagen. Das Niederschlagen der Feinde hat eine lange Bildtradition und ist
schon um 3000 v. Chr. nachweisbar. Bemaltes Relief. Ägyptisches Museum Kairo

Städte Tyros, Sidon, Beirut und Byblos zurückerobern. Er überquerte
den Eleutheros und attackierte die hethitische Stadt Dapur in Amurru,
deren Lage heute nicht mehr bekannt ist, die aber nördlich von Kadesch
gelegen haben muß.

   All diese Kämpfe und Eroberungen können wir auf Reliefbildern im
Luxor-Tempel und im Ramesseum sehen[119]: Da werden die feindlichen
Soldaten gezeigt, die, vor ihrer Stadt postiert, dem Angriff der Ägypter
entgegensehen, doch werden sie von Ramses' Streitwagentruppe über-

rollt. Die noch lebenden Feinde fliehen entsetzt in ihre Stadt zurück. Jetzt greifen die ägyptischen Infanterietruppen, unter ihnen die Königssöhne, an und erklettern die Mauern. Zwar schleudern die Hethiter Steine auf sie herab, aber die aufgestellten Schutzdächer lassen die Geschosse abprallen. Schließlich müssen die Belagerten aufgeben, und die Stadt ist in ägyptischer Hand. Auf allen diesen Darstellungen ist natürlich der siegreiche König immer gegenwärtig. Bei der Einnahme von Dapur im 10. Regierungsjahr heißt es sogar, er sei von seinem Streitwagen gesprungen und habe zwei Stunden ohne Panzer gekämpft.[120]

Nach dem 10. Regierungsjahr ist die Entwicklung der Lage in Palästina und Syrien schwer auszumachen, weil sicher datierte Denkmäler fehlen. Auch Kriegszüge nach dem Westen, ins nördliche Libyen, lassen sich nicht einordnen. Wohl zwischen dem 15. und 20. Regierungsjahr kam es weit im Süden des ägyptischen Reiches, in Obernubien, wo es lange Zeit ruhig gewesen war, zu einem Aufstand. Die daraufhin folgende Strafexpedition leitete der Vizekönig von Kusch, Hekanacht[121]; vier Prinzen, darunter der spätere König Merenptah, begleiteten ihn. Die Revolte wurde erfolgreich niedergeschlagen, und 7000 nubische Gefangene wurden gemacht. Im Tempel von el-Amara, einer Stadt nördlich des dritten Nilkatarakts, ließ der König auch diese Kampfszenen darstellen.

So erfolgreich anscheinend jene Jahre für Ramses verliefen, so schwierig gestalteten sie sich für das Hethiterreich: Im Jahre 1264 kam es hier zu einem Machtwechsel. Der noch junge König Mursilis III. wollte seinen Onkel für immer aus den wichtigsten Funktionen des Staates drängen, doch Hattusilis setzte sich zur Wehr. Der Konflikt gipfelte in einer militärischen Auseinandersetzung, die nicht der Neffe, sondern der Onkel für sich entschied. So verlor Mursilis III. seine Herrschaft und ging nach Nuhasse, einer Stadt in Nordsyrien, in die Verbannung; Hattusilis wurde zum neuen König der Hethiter. Sein Neffe allerdings gab keine Ruhe: Er

Ägyptische Streitwagentruppe. Relief auf der Außenmauer des Luxor-Tempels

Durch Krieg zerstörte Stadt und vernichtetes Land.
Strichzeichnung nach einem Relief im Luxor-Tempel. Nach W. Wreszinski, 1935

versuchte, von Nuhasse aus mit dem König von Babylon Verbindung auf-
zunehmen, um gegen die Herrschaft Hattusilis' III. zu arbeiten. Diese In-
trige wurde aber bald entdeckt. Der drohenden, erneuten Verbannung an
einen noch entlegeneren Ort entzog sich Mursilis durch Flucht. Er gelangte wohl im 18. Regierungsjahr Ramses' II. nach Ägypten und bat hier
um politisches Asyl.[122]

Es muß für den König eine große Genugtuung gewesen sein, als er den
Sohn seines einstigen Gegners Muwatallis in seinem Palast von Piramesse,
der Hauptstadt des Landes, als Bittsteller empfing. Für König Hattusilis im fernen Hattusas dagegen war die politische Situation nicht unge-
fährlich, denn sein Neffe hätte wohl nichts unversucht gelassen, um die
Herrschaft über das Hethiterreich zurückzugewinnen. Der Not gehor-
chend schickte Hattusilis deshalb eine Gesandtschaft in die ägyptische
Hauptstadt, um die Auslieferung seines Neffen zu verlangen. Ramses
lehnte dies zwar ab, bemühte sich aber jetzt um eine Beilegung der lang-
dauernden Feindseligkeiten, denn auch er scheint Kriegsmüdigkeit ver-
spürt zu haben: Im Luxor-Tempel hat der König die schrecklichen Folgen
des Krieges im Relief darstellen lassen. Völlig ungewöhnlich sieht man auf
dem Bild eine verwüstete Landschaft und eine zerstörte Stadt ohne Menschen und ohne Tiere, eine bedrückende Szene, die zum Frieden mahnt.

So beschlossen Ramses II. und Hattusilis III., daß alle Zwistigkeiten in

Der Staatsvertrag zwischen den Ägyptern und den Hethitern, aufgeschrieben im Tempel von Karnak

Zukunft auf diplomatischem Wege gelöst werden sollten. Boten wurden zwischen Piramesse und Hattusas hin- und hergeschickt; nach längerer Zeit kam ein bedeutsamer Vertrag zum Abschluß, bei dem es sich um den ersten uns bekannten Staatsvertrag zweier Großmächte in der Geschichte der Menschheit handelt.[123]

Die Auffindung der zwei verschiedenen Vertragstexte gehört zu den Sternstunden der Archäologie: Auf einer Tempelwand in Karnak steht die ägyptische, in Hieroglyphen abgefaßte Version (Fragmente des Textes fanden sich auch im Ramesseum), auf der anderen Seite des Mittelmeeres, in den Ruinen von Hattusas, kam auf zwei Tontafeln der hethitische Text zum Vorschein, der in babylonischer Keilschrift abgefaßt ist. Die Funde stellen allerdings nur Abschriften dar, während der Wortlaut des Vertrages im Original auf Silbertafeln eingraviert war. Die für Ägypten bestimmte Tafel wies auf der Vorderseite das Siegel von Hattusilis, auf der Rückseite das seiner Gemahlin Puduchepa auf. Datiert ist der Vertrag auf das «21. Regierungsjahr, 1. Monat der Winterjahreszeit, Tag 21 unter der Majestät des Königs von Ober- und Unterägypten Usermaatre Setepenre, dem Sohn des Re, Ramses von Amun geliebt, dem ewiges Leben gegeben werde»[124].

In der Präambel werden die Namen der vertragschließenden Könige gleichberechtigt genannt. Dann folgen die einzelnen Artikel dieses bemerkenswerten Bündnisses, das dazu bestimmt war, über den Tod eines der beiden Partner hinaus seine Gültigkeit zu behalten: «So bin ich als

König Ramses II. mit Standarten des falkenköpfigen Kriegsgottes Month und der menschenköpfigen Göttin Rait-taui, die im aufgeschriebenen Text als sein Vater und seine Mutter bezeichnet werden. Im Garten des Ägyptischen Museums Kairo

großer Fürst des Hethiterlandes mit Ramses von Amun geliebt, dem großen Herrscher von Ägypten, in einem guten Frieden und im guten, brü-
derlichen Verhältnis. Die Kindeskinder des großen Fürsten des Hethiterlandes sollen in Brüderlichkeit und Frieden sein mit den Kindeskindern
von Ramses von Amun geliebt, dem großen Herrscher von Ägypten, …
und keine Feindseligkeiten dürfen zwischen ihnen entstehen, ewiglich
nicht.»[125]

Ein Verzicht auf weitere Eroberungen schließt sich an; keine Vertrags-
partei sollte unberechtigt in das Territorium der anderen eindringen dürfen, und jede übernahm die Verpflichtung, bei dem Angriff eines Dritt-
landes oder bei einem Aufstand Beistand zu leisten.

Auch das Problem der politischen Flüchtlinge wurde bereits geregelt
und eine Auslieferungsklausel beigefügt. In ihr wurde Vorsorge getrof-
fen, daß die jeweiligen Asylsuchenden bei der Rückführung in ihr Hei-
matland dort nicht verfolgt werden durften: «Für seine Schuld soll man
ihn nicht bestrafen; sein Haus soll keinen Schaden nehmen, noch seine
Frauen oder seine Kinder. Man darf ihn nicht töten. Kein Schaden soll
seinen Augen, seinen Ohren, seinem Mund oder seinen Füßen zugefügt
werden.»[126]

Dieses Bündnis, basierend auf der Erkenntnis: Bald kennt jeder den
eigenen Vorteil und gönnet dem anderen seinen Vorteil, so ist ewiger
Friede gemacht (J. W. von Goethe)[127], hatte über den Tod der beiden Könige hinaus bis zum Untergang der Hethiter Bestand.

Briefe erhalten
die Freundschaft

Bei archäologischen Grabungen im anatolischen Bogazköy, das etwa 150 Kilometer östlich von Ankara an der Stelle liegt, wo sich einst Hattusas, die Hauptstadt der Hethiter, befand, kamen auch Reste des hethitischen Staatsarchivs zutage. In diesem Archiv fand sich eine geschlossene Gruppe von Briefen, die einst vom ägyptischen Hof zur Zeit Ramses' II. nach Hattusas geschickt worden waren; sie sind, wie es damals im diplomatischen Verkehr üblich war, in babylonischer Sprache abgefaßt. Ein Teil von ihnen nimmt Bezug auf den Friedensvertrag, der im 21. Regierungsjahr Ramses' II. geschlossen wurde, der Rest verteilt sich über spätere Jahre.

Es hat hier eine recht rege Korrespondenz stattgefunden, denn es finden sich nicht nur Briefe des ägyptischen Königs an seinen hethitischen Partner, König Hattusilis, und umgekehrt, sondern Ramses schrieb auch an Königin Puduchepa, ja, es sind Briefe erhalten, die von der Königinmutter Tuia, dem Kronprinzen Amunherchepeschef, der Königin Nefertari und dem bekannten Vezir Paser an den hethitischen Königshof gesandt wurden; die ersten von ihnen gingen kurz nach Abschluß des Friedensvertrages durch den ägyptischen Königsboten Parechnua mit Geschenken an den hethitischen Königshof ab.[128] Inhaltlich zeigen sie alle eine gewisse Ähnlichkeit; man drückte die Freude über den glücklichen Friedensschluß aus und war bemüht, das Verhältnis der einst verfeindeten Großmächte auf eine freundschaftliche Basis zu stellen.

Leider ist der wichtige Brief, den König Ramses an den hethitischen Königshof schickte, nur sehr fragmentarisch auf uns gekommen:

… Und was mein Bruder mir geschrieben hat wie folgt: Die Gottheit wird in Ewigkeit nicht zulassen, daß gegen das andere Land Feindseligkeiten begangen werden – so hat mir mein Bruder geschrieben; der Sonnengott [der Ägypter] und der Wettergott [der Hethiter] werden alle guten Beziehungen gewähren; sie werden gewähren, daß alle Beziehungen bewirkt werden, die ich mit dir ersehne. Und siehe, sehr schön ist die Silbertafel, die mir mein Bruder gesandt hat, um große Bruderschaft und großen Frieden zu gewähren und auf ewig nicht zuzulassen, daß Feindschaft zwischen dem Land Ägypten und dem Hethiterland entsteht …[129]

Das Löwentor an der Umfassungsmauer von Hattusas, der Hauptstadt
des Hethiterreiches

Besonders gut dagegen, fast vollständig, ist der Brief des Kronprinzen
Amunherchepeschef an den Hethiterkönig erhalten. Ihn spricht der Prinz
freundschaftlich als «seinen Vater» an:

«So sagt Amunherchepeschef, der Sohn des Großkönigs, des Königs des
Landes Ägypten zu Hattusilis. Dem Großkönig, dem König des Hethiterlandes, meinem Vater, möge es gutgehen und deinen Ländern möge es
gutgehen; siehe, mir, deinem Sohn, geht es gut, die Länder des Großkönigs, des Königs des Landes Ägypten, deines Bruders, sind wohlbehalten.
Siehe, der Großkönig, der König des Hethiterlandes, mein Vater, hat mir
geschrieben, um sich nach dem Wohlbefinden seines Sohnes zu erkundigen, und ich freute mich sehr, sehr darüber, daß mir mein Vater geschrieben hat, um sich nach dem Wohlbefinden zu erkundigen. Der Sonnengott
und der Wettergott werden sich jetzt nach dem Wohlbefinden des Großkönigs, des Königs des Hethiterlandes, meines Vaters, erkundigen, und sie
werden den Frieden und die Brüderschaft des Großkönigs, des Königs des
Landes Ägypten, mit dem Großkönig, dem König des Hethiterlandes,
seinem Bruder, für immer gut sein lassen, und sie [die Götter] werden
veranlassen, daß die Jahre des Großkönigs, des Königs des Landes Ägypten, und die Jahre des Hattusilis, des Großkönigs, des Königs des Hethiterlandes, seines Bruders, verlängert werden, indem sie [die beiden Könige]
in schönem Frieden befriedet sind und indem sie in schöner Brüderschaft

auf ewig verbrüdert sind. Nunmehr habe ich meinem Vater ein Geschenk als Begrüßungsgeschenk für meinen Vater gesandt durch die Hand des Parechnua: ein Becher aus gutem Gold, mit Inkrustierung, zum Trinken, mit dem Gesicht eines Stiers, dessen Hörner aus weißem Stein und dessen Augen aus schwarzem Stein sind; sein Gewicht beträgt 93 Schekel [1 Schekel = 9,1 Gramm] guten Goldes. Ein neues linnenes … Gewand aus gutem, dünnem Faden; eine neue, linnene Decke aus gutem, dünnem Faden für das Bett, die zwei Schauseiten hat.»[130]

Aus den Texten geht klar hervor, daß sie Antwortschreiben auf Briefe sind, die König Hattusilis und seine Gemahlin Puduchepa zuvor an König Ramses, an Amunherchepeschef, aber auch an Königinmutter Tuia, an Königin Nefertari und an den Vezir Paser geschickt hatten, denn auch Tuia, Nefertari und Paser bedanken sich bei Puduchepa und Hattusilis für empfangene Wünsche und Fragen nach dem Wohlbefinden.

Im 34. Regierungsjahr König Ramses' II. kam es zu einem Höhepunkt in der Beziehung zwischen Ägypten und dem Hethiterland, denn der Staatsvertrag vom 21. Jahr wurde durch die Heirat des ägyptischen Königs mit der ältesten Tochter des Hattusilis gekrönt.

Zur Vorbereitung dieses Ereignisses schickte Hattusilis im 33. Regierungsjahr Ramses' II. diesem eine Botschaft, die den Wunsch enthielt, Ramses möge seine älteste Tochter heiraten und sie als Hauptgemahlin einsetzen. In seiner Antwort zeigte sich Ramses mit der vorgeschlagenen Heirat einverstanden, woraufhin Hattusilis in einem weiteren Brief seine große Freude über dieses Einverständnis ausdrückte und Ramses wiederum an Hattusilis und Puduchepa zurückschrieb, wie zufrieden er über die große Freude des hethitischen Bruders sei. Überhaupt hat Ramses seine Briefe stets fast gleichlautend sowohl an Hattusilis als auch an Puduchepa geschrieben. Darin zeigt sich, welchen hervorragenden, ja gleichberechtigten Rang die hethitische Königin im Staat einnahm.[131]

Dann ließ Hattusilis Ramses mitteilen:

«Siehe, ich gebe meiner Tochter Hörige, Rinder, Schafe und Pferde, und noch in diesem Jahr werde ich meine Tochter senden, die die Hörigen, Rinder, Schafe und Pferde nach dem Land Aja [eine Gegend im Süden des hethitischen Einflußbereiches] bringen wird; und mein Bruder möge einen Mann entsenden, damit er sie in Obhut nehme im Land Aja … Die Schutztruppen der Braut – gib Verpflegung ihren Leuten!»[132]

In seinem Antwortschreiben sagte Ramses die Versorgung der hethitischen Begleit- und Schutztruppen zu und bestimmte zwei seiner Statthalter für die Übernahme der Braut und der Mitgift:

Was diese Hörigen angeht und diese Rinderherden und diese Schafherden, die ihr bringen laßt, siehe, so habe ich dem Landstatthalter Suta in der Stadt des Ramses, die im Lande Upi liegt [wohl Damaskus], geschrieben, diese Hörigen aus dem Kaschkäerland und diese Pferdeherden und diese Rinderherden und diese Schafherden, die ihr bringen laßt, in Empfang zu

Blick auf die Stadtmauer von Hattusas und das Gebiet der damaligen Stadt

nehmen, und er wird ihr Führer sein, bis die Braut nach Ägypten kommt.
Ferner habe ich an den Statthalter Atah … geschrieben in der Stadt des
Ramses, der Stadt, die in Kanaan [d. i. Gaza] liegt, diese Hörigen aus dem
Kaschkäerland und die Pferdeherden und diese Schafherden, die ihr brin-
gen laßt, in Empfang zu nehmen, und er wird ihr Führer sein, bis die Braut
nach Ägypten kommt.[133]

Der Statthalter Suta sollte die Braut also im Lande Aja abholen und sie
nach der Durchreise durch das von ihm kontrollierte Gebiet an seinen
Kollegen Atah übergeben, der sie dann bis zur Residenz Piramesse zu
bringen hatte. Hattusilis schrieb an Ramses zurück:

«Lasse Leute kommen, um gutes Feinöl auf das Haupt meiner Tochter
zu gießen, und möge man sie ins Haus des Großkönigs, des Königs von
Ägypten, bringen.»[134]

Gesandte kamen und vollzogen die Zeremonie der Verlobung, indem
sie die Königstochter mit Öl salbten; dann brach sie zur Hauptstadt des
Nillandes auf. Die Reise begann im Spätherbst und mag wohl etwas mehr
als dreißig Tage gedauert haben. Die Reiseroute führte über Aleppo und
Damaskus in das Land Kanaan und dann über den Küstenweg, Gaza be-
rührend, nach Piramesse, wo Ramses seine neue «Große königliche Gemahlin» erwartete.

Die Verbindung wurde in Ägypten als ein besonderes Ereignis gefeiert
und auf mehreren Stelen und auf einem Einzugstor im Tempel von Kar-

nak festgehalten. Am Eingang des großen Felsentempels von Abu Simbel findet sich ein Denkstein, der im oberen Register die Zuführung der Braut darstellt[135]: Ramses II. sitzt links unter einem Baldachin zwischen zwei ägyptischen Göttern, während von rechts die hethitische Prinzessin und ihr Vater mit erhobenen Armen, dem Gestus der Unterwürfigkeit, sich dem Pharao nähern. Durch die Tracht sind beide als Ausländer gekennzeichnet; Hattusilis trägt ein langes, mantelartiges Kleidungsstück und auf dem Kopf eine oben spitz zulaufende Bekrönung.

Während die Darstellung suggeriert, daß der Hethiterkönig selbst seine Tochter Schauschka-Nu, die in Ägypten «Große königliche Gemahlin» Maathornefrure hieß, an den Hof Ramses' II. begleitet habe, ist im Text davon nicht die Rede: «Da veranlaßte er [Hattusilis], daß seine älteste Tochter – mit ihr herrlichste Gaben an Gold und Silber, sehr viel Bronze, Hörige, Pferdegespanne ohne Zahl, Rinder, Ziegen und Schafe, grenzenlos – abgesandt wurde mit ihren Ehrengeschenken für den König von Ober- und Unterägypten, Usermaatre-Setepenre, den Sohn des Re, Ramses von Amun geliebt. Man kam, um das Herz seiner Majestät zu erfreuen, indem man sagte: ‹Siehe, der Großfürst des Hethiterlandes hat seine älteste Tochter mit zahlreichen Gaben gesandt … die Großen des Hethiterlandes überbringen sie. Zahlreiche Berge und schwierige Pfade haben sie überqueren müssen, und jetzt haben sie das Grenzland deiner Majestät erreicht. Laß doch die Armee und die Großen gehen, um sie zu empfangen.»[136] Der Text der Heiratsstelen spricht dann von Festgelagen, bei denen sich Ägypter und Hethiter verbrüderten.

König Hattusilis aber hat ägyptischen Boden auch später nicht betreten, obwohl Ramses ihn zu einem Staatsbesuch aufgefordert hatte. Der Herrscher des Hethiterreiches antwortete auf diese Einladung nur ausweichend: «Mein Bruder möge mir schreiben, was wir dort in Ägypten eigentlich machen sollen!»

Ramses schrieb in etwas gekränktem Ton zurück: *Was hat mein Bruder da bloß gesagt! Der Sonnengott und der Wettergott werden meinen Bruder seinen Bruder sehen lassen, und mein Bruder möge den guten Vorschlag ausführen, zu gehen, um mich zu sehen, und einer möge dem anderen ins Antlitz schauen an dem Ort, wo sich der König auf seinem Thron befindet. Ich will ins Land Kanaan gehen, um meinen Bruder zu sehen, um in das Antlitz meines Bruders zu schauen und ihn inmitten meines Landes zu empfangen.*[137]

Ramses wollte also seinem Gast bis zum Land Kanaan, das ja nicht weit entfernt von Piramesse war, entgegenkommen, während sein Gast zuvor mehr als 1000 Kilometer anreisen sollte. Es ist verständlich, daß Hattusilis auf diese Einladung nicht eingehen wollte, denn er mußte fürchten – der Tenor des Briefes zeigt es ganz offen –, in Ägypten mehr wie ein Vasallenkönig denn als souveräner Herrscher einer gleichberechtigten Großmacht behandelt zu werden. Um den Staatsbesuch zu umgehen, schützte er eine vermutlich diplomatische Krankheit, nämlich «brennende Füße»[138] vor. (Allerdings kennt die moderne Medizin ein «burning feet Syndrom», das als neurologische Krankheit beschrieben wird und durch Vitaminmangel entsteht.[139])

Der hethitische Kronprinz Hischimi Scharma, ältester Sohn von Hattusilis und Puduchepa, aber machte sich auf die lange Reise von Hattusas nach Piramesse und stattete Ramses und seiner Schwester, jetzt Königin von Ägypten, einen Besuch ab.

Auch er reiste, wie einst seine königliche Schwester, im Spätherbst, was wir durch einen Brief wissen, den Ramses an Hattusilis schrieb: *Siehe, als Hischimi Scharma kam, kam er in den Monaten der Kälte.*[140]

In Hischimi Scharma lernte Ramses seinen späteren Partner kennen, denn nach dem Tode des Hattusilis wurde der Kronprinz als Tuthalija IV. König der Hethiter. Einige Monate blieb der Prinz am ägyptischen Königshof, dann kehrte er in die Heimat zurück. Ramses hat während seiner Regierungszeit vier hethitische Könige erlebt: Auf dem Schlachtfeld in Kadesch stand er Muwatallis gegenüber, dessen Sohn und Erben Mursilis III. empfing er als Flüchtling, Tuthalija IV. kannte er als Kronprinz, aber seinen wichtigen Partner beim Friedensvertrag und königlichen Schwiegervater Hattusilis hat er nie zu Gesicht bekommen.

Fünf weitere Briefe, die fragmentarisch erhalten sind, datieren in der Zeit zwischen dem 42. und 56. Regierungsjahr Ramses' II., die dieser an Hattusilis bzw. als Parallelschreiben an Königin Puduchepa geschickt hat. Der Hethiterkönig hatte sich an seinen Schwiegersohn gewandt und um die Hilfe ägyptischer Ärzte gebeten, denn die Medizin des Pharaonenlandes war hochentwickelt und sehr berühmt. Schon im 3. Jahrtausend v. Chr. gab es im Nilland Spezialärzte für Zahn- und Augenerkrankungen sowie für Leiden der inneren Organe.[141] Berühmt ist der sogenannte Papyrus Smith aus der Zeit der ersten Hälfte des 2. Jahrtausends v. Chr., der uns Einblick in die hervorragenden chirurgischen Kenntnisse gewährt und der durch seine wissenschaftliche Systematik besticht. Der Text beschreibt sehr genau 48 Verletzungen, nennt die Heilungsmöglichkeiten und gibt dann Anweisungen zur Behandlung. Natürlich konnte die «Schulmedizin» den Magier, der die Krankheit durch Beschwörung zu heilen suchte, nicht verdrängen, und es ist eine bemerkenswerte Tatsache, daß im Laufe der Zeit die magischen Rezepte nicht ab-, sondern zunahmen.

Dennoch hatte in der Antike Ägypten den Ruf, die besten Ärzte der damaligen Welt zu stellen. Man braucht hier nur auf Homer zu verweisen, der in seiner Odyssee (IV, 229–232) schrieb: «Dort [in Ägypten] bringt die fruchtbare Erde viele Heilmittel hervor, zu guter und schädlicher Mischung. Dort ist jeder ein Arzt und übertrifft an Erfahrung alle Menschen.»

Es war also kein Wunder, wenn sich Hattusilis bei medizinischen Problemen an seinen Schwiegersohn wandte und um Ärzte bat, die an den

Der hethitische Gott Scharrumma umarmt den König Tuthalija IV.
Relief an der Ostwand des Felsenheiligtums von Yasīlīkaya

hethitischen Hof geschickt werden sollten. Besonders aufschlußreich ist
hier der Briefwechsel, der sich wegen der Schwester des Hattusilis,
Matanazi, entwickelte.

Matanazi war an den Fürsten von Arzawa, einem Land im Südwesten
Kleinasiens, verheiratet worden; der Fürst von Arzawa sollte durch eine
verwandtschaftliche Verbindung fest an das hethitische Königshaus ge-
bunden werden. Es war daher für König Hattusilis auch von politischer

Bedeutung, daß die Ehe nicht kinderlos blieb, aber leider war Matanazi schon in vorgerücktem Alter, und der Kindersegen wollte sich nicht einstellen. Hattusilis schrieb deshalb an Ramses und bat um einen kundigen Arzt, der durch besondere Arzneien eine Schwangerschaft bei seiner Schwester, die er fünfzigjährig nennt, bewirken sollte.

Ramses schrieb an den Hethiterkönig zurück: *So sagt Usermaatre-Setepenre, der Großkönig, dem König des Hethiterlandes, meinem Bruder, er spricht: Siehe, ich befinde mich wohl, ich, der König des Landes Ägypten, dein Bruder; dir möge es gutgehen, dem Hattusilis, meinem Bruder. So spricht er zu meinem Bruder: Was mir mein Bruder geschrieben hat wegen der Matanazi, seiner Schwester: Mein Bruder möge mir einen Mann senden, um für sie eine Arznei zu bereiten, um sie gebären zu lassen – so hat mein Bruder mir geschrieben. So sage ich darauf zu meinem Bruder: Siehe, die Matanazi, die Schwester meines Bruders – der König, dein Bruder, kennt sie! Eine Fünfzigjährige sollte sie sein? Nein! Eine Sechzigjährige ist sie! Und siehe, eine Frau, die fünfzig Jahre alt ist, sollte sie sein? Nein, eine die sechzig Jahre alt ist, ist sie! Man kann für sie keine Arznei bereiten, um sie noch gebären zu lassen.*[142]

Sieht man von den üblichen Redewendungen des damaligen Briefstils ab, dann zeigen diese Zeilen eine kaum noch zu überbietende Direktheit. Ramses korrigierte seinen Schwiegervater knapp und unverblümt: Auch kein ägyptischer Arzt könne einer Sechzigjährigen zu einer Schwangerschaft verhelfen.

Im zweiten Teil des Briefes versuchte er dann doch noch, auf die Wünsche des Hattusilis einzugehen, indem er auf die Götter verwies, die durch ein Wunder Matanazi gebären lassen könnten. Er schickte einen Magier und einen Arzt ins Hethiterland, um dieses mögliche Wunder zu unterstützen:

Fürwahr, der Sonnengott und der Wettergott mögen ihr zuliebe einen Befehl geben, und die Anordnung, die sie [die Götter] treffen, wird dann für die Schwester meines Bruders andauernd ausgeführt werden.

Und ich, der König, dein Bruder, will einen fähigen Beschwörungspriester senden und einen fähigen Arzt, und sie werden für sie eine Arznei für ihr Gebären bereiten. Nunmehr sende ich ein Begrüßungsgeschenk an meinen Bruder durch die Hand dieses meines Boten. (Es folgt eine Aufzählung von verschiedenen Gewändern.)[143]

Pfeilerfigur König Ramses' II. im Tempelinnern des Großen Tempels von Abu Simbel

Der größte Bauherr Ägyptens

Wenn man als Tourist Ägypten durchreist, begegnet man dem Bauherrn Ramses II. so häufig, daß auch der flüchtigste Betrachter seinen Namen mit bestimmten Architekturwerken verbindet. In seinen Bauten und in seiner Plastik dominiert kolossale Größe, die aber nie ins Grobe, Unharmonische ausufert.

Zahlreiche Großaufträge erteilte der König bereits in seinem ersten Regierungsjahr, und wie sehr Ramses das Bauen am Herzen lag, teilt die große Weiheinschrift in Abydos mit: *Es ist schön, Denkmal auf Denkmal zu errichten, zwei herrliche Dinge zur gleichen Zeit.*

Die lange Friedensperiode nach dem 21. Regierungsjahr bot dafür auch beste wirtschaftliche und organisatorische Möglichkeiten. Vom Delta bis nach Assuan, dem eigentlichen Kern des Pharaonenlandes, hat er so viele Tempel gegründet, vergrößert und fertig gebaut, daß allein ihre Aufzählung schon eine lange Liste bilden würde. Ein geringer Teil der Bauten steht heute noch, die meisten sind nicht erhalten geblieben. Von einigen wissen wir wenigstens durch Inschriften, an welchen Stellen sie einst standen. Als Bauherr hat Ramses nicht nur im Kernland Ägyptens gewirkt, sondern auch in Kleinasien und vor allem in Nubien: Sieben bemerkenswerte Felstempel ließ er dort anlegen; berühmt sind die beiden Tempel von Abu Simbel. Kein Wunder also, daß Ramses zu seinen Architekten und Bauleuten eine besondere Beziehung hatte. Aus dem achten Regierungsjahr stammt eine Stele, deren Text eine Ansprache des Königs an seine Arbeiter wiedergibt:

O ihr Arbeiter,
ausgewählt, stark, mit den Händen tüchtig,
die ihr für mich Denkmäler errichtet in jeder Zahl,
erfahren mit der Arbeit an kostbaren Steinen,
Granitsorten erkennend und mit Sandstein vertraut.
O ihr Tüchtigen und Fleißigen beim Bauen von Monumenten!
Ihr, die ihr mir alle Gotteshäuser vollzählig macht,
solange wie sie werde ich leben!
O ihr vortrefflichen Arbeiter, die nicht müde werden,
die wachsam bei der Arbeit sind

und ihre Aufgaben gewissenhaft und gut erfüllen …
hört auf das, was ich euch sage!
Siehe, nützlich ist es für euch,
denn die Tat sei gemäß der Rede …
In jeder Beziehung habe ich für euch gesorgt,
damit ihr gerne für mich arbeitet,
und ich bleibe stark als der Beschützer eurer Versorgung!
Wichtiger ist der Unterhalt für euch als die Arbeit!
Mein Wunsch ist es,
euch zu versorgen, um euch zu erhalten!
Denn ich kenne eure wahrhaft mühselige Arbeit,
bei der der Arbeiter nur froh ist,
wenn der Bauch voll ist …[144]

Eine solche Rede hatte man bis dahin von keinem ägyptischen König gehört, und man wird auch keine mehr hören, denn nur 55 Jahre nach dem Tod Ramses' II. mußten Handwerker von Der el-Medineh ihren zwei Monate zurückgehaltenen Arbeitslohn durch Streik eintreiben.[145]

Zu den großen städtebaulichen Leistungen des Königs gehörte die Errichtung der Stadt Piramesse, die im 10. Jahr Ramses' II. Regierungssitz wurde.[146]

Im östlichen Delta, fast an der Nord-Ost-Grenze des Reiches, entstand das «Haus des Ramses» (= Piramesse). Das alte Auaris bezog er in die neuen Stadtgrenzen ein, und so breitete sich Piramesse auf einer Fläche von zehn Quadratkilometern am östlichen Ufer des «Wassers des Re» (= Pelusischer Nilarm) aus. Der Fluß beschrieb eine fast rechtwinklige Schlinge um die Stadt. Ihre nördliche Grenze lag bei der heutigen Siedlung Qantir, die südliche bei Tel el Dab'a. Viele fischreiche Gewässer, die heute nicht mehr identifiziert werden können, in der näheren, sehr fruchtbaren Umgebung der Stadt stellten deren Versorgung sicher. Auch innerhalb von Piramesse gab es Seen und Kanäle sowie einen Hafen, der Schiffsverbindungen in alle Himmelsrichtungen erlaubte. So war die Stadt ein idealer Platz, um Expeditionen zu Wasser und zu Land nach Vorderasien zu schicken, was ihr den Beinamen «Groß an Siegen» eintrug.

Das Zentrum der Stadt bildete eine gewaltige Palastanlage, die ebenfalls den Namen «Groß an Siegen» erhielt. In zwei Liedern, die den Herrscher und seine Stadt preisen und die uns auf Papyrus überliefert sind, heißt es dazu:

«Seine Majestät, die lebt, heil und gesund ist,
hat sich eine Burg geschaffen,
‹Groß an Siegen› heißt sie.
Zwischen Palästina und Ägypten liegt sie,
an Nahrung und Speisen ist sie reich.
Wie die Stadt Hermonthis sieht sie aus,

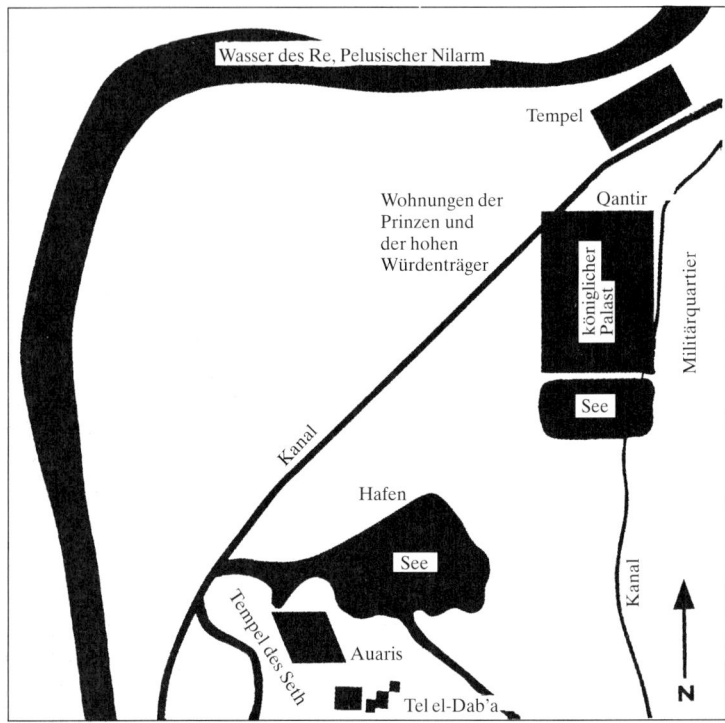

Piramesse

an Dauer wird sie wie Memphis sein.
Die Sonne [der König] geht in ihrem Umkreis auf,
und in ihrem Innern geht sie unter.
Jedermann verläßt seine Stadt,
um in ihrem Bezirk zu wohnen.
An ihrer westlichen Seite ist der Tempel des Amun,
an ihrer südlichen ist das Haus des Seth,
an ihrer östlichen das der Astarte,
an ihrer nördlichen das der Uto.
Der Palast aber in ihrem Innern,
er ist wie der Horizont des Himmels,
denn Ramses, von Amun geliebt, ist in ihm als Gott.»[147]
Werden in diesem Lied die Haupttempel der wichtigsten Götter der
Stadt genannt, so erfährt man in dem anderen Lied mehr über den Palast
und seine nähere Umgebung:

«O wie herrlich ist der Tag deiner Nähe,
wie schön deine Stimme, wenn du sprichst,
seit du erbaut hast den Palast des Ramses, geliebt von Amun,
Front jedem Fremdland und Grenze Ägyptens,
mit prächtigen Erscheinungsfenstern [in denen sich der König dem
      Volk zeigen konnte]
und glanzvollen Hallen aus Lapislazuli und Türkis.
Ein Platz, wo man deine Streitwagentruppe einübt,
eine Stätte, wo man deine Fußtruppen mustert,
und ein Ort, wo deine Schiffstruppe landet,
wenn sie die Gaben bringt.»[148]

An der Ostseite des Palastes befanden sich die Quartiere des Militärs,
während im Westen die Villen der hohen Würdenträger und die Häuser
der Prinzen standen; auch die wichtigsten Ministerien und Verwaltungs-
behörden mit den dazugehörigen Archiven waren in der Stadt präsent,
ebenso die königliche Schatz- und Kornkammer.

Die Mittelschicht, Handwerker, Händler und niedere Beamten- und
Priesterschaft, hatten ihre eigenen Stadtviertel.

Einigen Tempeln waren Schulen angeschlossen, wo ausgewählte Kinder im Lesen und Schreiben, aber auch in anderen Wissenschaften unter-
richtet wurden. Neben poetischen Texten, Akten und Rechnungen erhielten die Schüler Musterbriefe zum Abschreiben und konnten so ihren Stil
und ihre Ausdrucksmöglichkeiten verbessern. Einer dieser erhaltenen
Briefe berichtet von der Schönheit und dem Reichtum der Residenzstadt
Piramesse, die ein fiktiver Schüler Pabasa einem ebenso erfundenen Leh-
rer namens Amenemope schreibt:

«Der Schreiber Pabasa grüßt seinen Herrn,
den Schreiber Amenemope, in Leben, Heil und Gesundheit!
Dies wurde abgeschickt, um meinem Herrn Kunde zu geben!
Eine andere Mitteilung an meinen Herrn besteht darin,
daß ich die [Stadt] Piramesse, von Amun geliebt,
sie lebe, sei heil und gesund, erreicht habe.
Ich fand sie über alle Maßen prächtig,
eine herrliche Gegend, die nicht ihresgleichen hat,
genau nach dem Grundriß von Theben.
Re selbst hat sie gegründet.
Eine Residenzstadt, wo man angenehm lebt!
Ihre Felder gedeihen mit allen guten Dingen,
und sie spenden Speise und Nahrung tagtäglich.
Ihre Gewässer sind voller Fische und ihre Seen voller Vögel.
Ihre Wiesen grünen von Kräutern und Pflanzen,
die ein und eine halbe Elle hoch sind [eine Elle = 52 Zentimeter].
Die Früchte des Johannisbeerbaums
besitzen den Geschmack des Honigs von feuchten Feldern.

Statue König Ramses' II. mit
Königskopftuch und der Doppel-
krone von Ober- und Unterägypten.
Assuangranit. Ägyptisches Museum
Kairo

Ihre Scheunen sind voll von Gerste und Emmer [Getreideart]:
bis zum Himmel reichen sie hinauf!
Zwiebeln und Lauch in ..., Lattich in den Hainen,
Granatäpfel, Äpfel und Oliven;
Feigen in den Obstgärten und dazu der süße Wein von Kankeme
   [Weinberg in der Nähe der Stadt],
der den Honig übertrifft.»[149]

Zahlreiche Kolossalstatuen des Königs standen in der Stadt. Ramses befahl, aus verschiedenen Teilen des Reiches, besonders aus Memphis, Sphingen oder andere rundplastische Figuren von Königen, die vor ihm gelebt hatten, herbeizuschaffen. Er ließ seine Namen in sie eingravieren und teilweise den der ursprünglichen Eigentümer löschen. Diese usurpierten Statuen fanden dann ebenfalls ihre Aufstellung in Piramesse. Das rigorose Vorgehen des Königs beinhaltete aber nicht unbedingt einen besonderen Herrschaftsanspruch, sondern es könnte sich auch um eine Notmaßnahme gehandelt haben: Die ungeheuren Bauleistungen des Königs hielten mit der Herstellung von Statuen nicht Schritt; den Mangel hat man möglicherweise durch eine Übernahme anderer Herrscherbilder ausgeglichen.[150]

Die vielleicht berühmtesten Bauwerke von Ramses II., welche die Zeiten überdauerten, Ziel jedes Touristen einer klassischen Ägypten-Reise, sind die beiden gewaltigen Felstempel von Abu Simbel.[151]

Auf dem Westufer des Nils, 280 Kilometer südlich von Assuan, hat Ramses die beiden Heiligtümer errichtet, die nach dem Ende der pharaonischen Geschichte in Vergessenheit gerieten und zum großen Teil mit Sand zugeweht wurden. Es dauerte bis zum 22. März 1813, ehe sie von dem Schweizer Orientforscher und Reisenden Johann Ludwig Burckhardt (1784–1817) wiederentdeckt wurden.

Wüstenlandschaft bei Abu Simbel

Frontansicht des Großen Tempels von Abu Simbel

Zuerst fand er den etwas kleineren, nördlichen Tempel, den er, soweit
dies möglich war, untersuchte; zum Fund des anderen, des großen Tempels, machte er folgende Eintragung in sein Tagebuch:

«Da ich meiner Meinung nach alle Altertümer von Abu Simbel gesehen zu haben glaubte, wollte ich schon an der Sandseite des Berges auf
dem nämlichen Pfade hinaufsteigen, auf dem ich herabgekommen war.
Als ich mich glücklicherweise weiterhin nach Süden umsah, fiel mir das,
was noch von vier Kolossalstatuen, die aus dem Felsen gehauen sind,
sichtbar ist, in einer Entfernung von ungefähr zweihundert Schritt vom
Tempel in die Augen.

Sie stehen in einer tiefen Öffnung, die man in den Berg geschlagen hat,
allein es ist sehr zu bedauern, daß sie fast ganz vom Sand begraben sind,
welcher hier in Strömen herabweht. Der ganze Kopf, sowie ein Teil der
Brust und der Arme einer der Statuen ragen noch über die Oberfläche

heraus, von der zunächst stehenden ist kaum noch irgendetwas sichtbar, da der Kopf abgebrochen ist, von den beiden anderen sind nur die Mützen [gemeint sind die Doppelkronen] sichtbar.»[152]

Felstempel stellten in der ägyptischen Architektur einen eigenen Typus dar.[153] Im Gegensatz zu den aus gehauenen Steinen errichteten Gebäuden wurden sie in die Felsen im Untertagebau hineingetrieben. Den vorderen Eingangsbereich jedoch hat man dann in der Regel frei aufgebaut. Die Ägypter besaßen eine große Erfahrung im Untertagebau, denn alle Felsgräber wurden ja in dieser Weise erstellt. Schon in der Frühphase seiner Regierung hat Ramses die Errichtung der Tempel von Abu Simbel angeordnet und die Bauleitung in die Hände des Vizekönigs von Nubien gelegt.

Die Männer der ersten Stunde waren der «Königssohn von Kusch», Juni, und der von Ramses persönlich beauftragte Truchseß Aschahebsed (= Reich an Jubiläen), der seinen Namen aber zu «Ramses-Aschahebsed» (= Ramses ist reich an Jubiläen) erweitert hat.[154] Um rasch zu handeln und um den langsamen, bürokratischen und teilweise erstarrten Instanzenweg zu umgehen, hat Ramses II. sehr häufig mit Sonderbeauftragten gearbeitet. Diese Männer, die in der Regel den Titel «Truchseß» trugen, waren dem König allein verantwortlich.

In einer in den Felsen von Abu Simbel eingeschnittenen Inschrift heißt es: «Siehe, was seine Majestät betrifft, so ist er wachsam beim Aufspüren von jeder günstigen Gelegenheit, um hervorragende Dinge für seinen Vater Horus zu tun, den Herrn von Meha [Name der Region, in der Abu Simbel liegt], um für ihn sein Haus von Millionen Jahren zu erstellen, indem man den Berg von Meha aushöhlt … Er ist mächtig in allen Ländern. Er brachte viele Werkleute, Gefangene seines starken Arms von allen Fremdländern. Er füllte die Gotteshäuser mit Kindern aus Syrien. Er gab Befehl an den königlichen Truchseß Ramses-Aschahebsed, das Land von Kusch auf neue Weise im großen Namen seiner Majestät auszustatten …»[155]

Die beiden nördlichen kolossalen Sitzstatuen Ramses' II. am Großen
Tempel von Abu Simbel

Viele Jahre wurde an dem gigantischen Werk gearbeitet; nach dem
5. Regierungsjahr trug der neu ernannte Vizekönig von Kusch, Hekanacht,
die Verantwortung für den Bau bis zu dessen Fertigstellung und Einwei-
hung, die wohl im 23. oder 24. Jahr Ramses' II. stattfand. Kurze Zeit später
wurde das Heiligtum durch ein Erdbeben schwer beschädigt, aber von der
gleichen Bautruppe, welche die Tempel errichtet hatte, in hervorragender

Die Königin Nefertari rechts vom Eingang zum Großen Tempel
von Abu Simbel

Weise restauriert. Den Namen des Architekten kennen wir leider nicht,
aber es muß ein bedeutender und genialer Meister gewesen sein.

Beide Tempel sind vollständig aus dem Berg herausgearbeitet. An Stelle der Einzugstore (Pylone) hat man die Felswand zu einer terrassenartigen Basis abgearbeitet, auf der sich vor dem großen Tempel vier exzellent aus dem Stein geschnittene Sitzstatuen des Königs in einer Höhe von

22 Metern erheben und den Eingang des Heiligtums flankieren. Neben den Beinen zeigen sich, in wesentlich kleinerem Maßstab, Rundbilder von Mitgliedern der Königsfamilie. Von den vier Kolossen ist der südlichste am besten erhalten; der nächste zerbrach bei einem Erdbeben in der Antike; der Oberkörper liegt seitdem auf dem Boden.

Den oberen Abschluß der Tempelfront bilden Pavianfiguren mit betend erhobenen Armen, die aufgehende Sonne im Osten begrüßend. Über der Eingangspforte erscheint in einer Nische das Rundbild des falkenköpfigen Sonnengottes Re. Rechts neben seinem Bein erscheinen Kopf und Hals eines Tieres, ein Hieroglyphenzeichen mit dem Lautwert «user», und neben dem linken Bein die Figur der Göttin Maat. Diese Figurengruppe kann in ihrer Gesamtheit als «User-Maat-Re» (= der Thronname des Königs) gelesen werden.

Der Besucher, der durch das Portal in das Tempelinnere tritt, befindet sich in einer rechteckigen Halle, die durch acht Pfeiler in drei Schiffe geteilt ist. An jedem Pfeiler erhebt sich eine hervorragend gearbeitete, zehn Meter hohe Kolossalstatue des Königs. Die Wände sind mit versenkten Reliefs von guter Qualität dekoriert, deren prächtige Farben teilweise erhalten sind. Ein Thema ist in den Bildern vorherrschend: Der König im Kampf. So erscheint auf der Nordwand der berühmte illustrierte Schlachtbericht von Kadesch.

Der Pavianfries
am Großen Tempel
von Abu Simbel

Trotz der Größe wirkt die Halle intim und harmonisch. Rechts und links finden sich mehrere lange, schmale Kammern, die einst als Magazine und Vorratsräume dienten. Eine Pforte in der Tempelachse entläßt den Besucher in eine weitere, kleinere, rechteckige Halle mit vier Pfeilern; von dort gelangt man in das Vestibül. Alle Wände sind ohne Ausnahme mit Götter- und Kultszenen dekoriert.

Die hinteren Räume sind niedriger: Der Fußboden steigt leicht an, die Decke senkt sich herab. Vom Vestibül aus gelangt man dann in das Allerheiligste mit dem steinernen Sockel für die Prozessionsbarke; aus der felsigen Rückwand sind die Rundbilder der Götter, denen der Tempel gewidmet ist, aus dem Stein herausgehauen: Es sind Ptah, Amun, der vergöttlichte König Ramses II. und der Sonnengott Re.

Der Tempel, dessen Länge (vom Rand des Sockels, auf dem die vier Königsstatuen postiert sind, bis zur Rückwand des Allerheiligsten) 63 Meter beträgt, ist mit seiner Fassade nach Osten ausgerichtet, damit die aufgehende Sonne ins Innere scheinen kann.

Vor dem Heiligtum befanden sich eine Schiffsanlegestelle aus Stein sowie eine Terrasse, die an den Seiten durch Ziegelmauern begrenzt war. Hier hatte man mehrere Denkmäler außerhalb des Tempels angebracht, so die berühmte «Heiratsstele» aus dem 34. Regierungsjahr.

Durch die nördliche Ziegelmauer führt ein Steintor zum zweiten Tem-

Fassade des Kleinen Tempels von Abu Simbel

Die Königin Nefertari wird von den Göttinnen Hathor und Isis gekrönt.
Bemaltes Relief im Kleinen Tempel von Abu Simbel

pel von Abu Simbel, welcher der Göttin Hathor[156] und zugleich der Königin Nefertari geweiht war. Er ist in seinem Aufbau eine verkleinerte Version des Großen Tempels: Auch hier wurde der Felsen so bearbeitet, daß
man glaubt, große Pylone vor sich zu sehen; die Fassade, die aus sieben
geschrägten Strebemauern besteht, ist ebenfalls nach Osten ausgerichtet.
Die mittlere Strebemauer enthält breit ausladend die Eingangspforte
und darüber die tief eingeschnittene Widmungsinschrift. Links und
rechts, in nischenartigen Räumen, erheben sich je drei zehn Meter hohe,
aus dem Felsen herausgehauene Kolossal-Standbilder von Ramses und
seiner Königin Nefertari, die in der Rolle der Göttin Hathor dargestellt
ist. In Kniehöhe erscheinen neben dem König die Rundbilder von Prinzen, neben der Königin die von Prinzessinnen.

Betritt man den Tempel, so gelangt man in eine fast quadratische,
dreischiffige Halle, die mit sechs wuchtigen Pfeilern versehen ist, welche
alle mit dem Kopf der Göttin Hathor dekoriert sind. Bei den Motiven

der Reliefs, welche den Raum schmücken, dominiert der König, wie er den Göttern opfert; die Königin ist nur jeweils einmal auf jeder Wand dargestellt. Drei Pforten, für jedes Schiff eine, geleiten in das schmale Vestibül, und von dort aus öffnet sich der Eingang ins Allerheiligste. In der Cella selbst erscheint das aus dem Felsen herausgearbeitete Kultbild der Göttin Hathor in Kuhgestalt mit dem vor ihr herschreitenden König Ramses.

Stärker als in der Pfeilerhalle tritt in den Bildern des Vestibüls die Königin hervor. Wir sehen hier, wie Nefertari von den Göttinnen Isis und Hathor gekrönt wird; auf der Nordwand bringt König Ramses vor den Figuren des vergöttlichten Königspaares ein Räucheropfer dar.

Die Dekorationen beider Tempel von Abu Simbel besitzen religionsgeschichtliche Bedeutung: Im Allerheiligsten erscheint der König unter den Göttern und als den Göttern gleich. Dieser Grad der kultischen Verehrung des lebenden Herrschers blieb fast ganz auf Nubien beschränkt; in Ägypten selbst hat man Königsstatuen nur als Mittlerfiguren zwischen Gott und den Menschen betrachtet.

Die herrlichen Tempel von Abu Simbel, die zu den bedeutendsten Architekturwerken der Menschheit zählen, gerieten zu Beginn der sechziger Jahre unseres Jahrhunderts durch den Bau des großen Staudamms bei Assuan in Gefahr, für immer im Nasser-See zu verschwinden. In einer beispiellosen Rettungsaktion, von der UNESCO initiiert, wurden die Tempel 64 Meter höher und 180 Meter landeinwärts versetzt und konnten so gerettet werden.[157]

Chaemwese: Königssohn, Priester und Gelehrter

Als Ramses II. gekrönt wurde, war Chaemwese, der vierte Sohn des Königs und der zweite, den Isisnofret geboren hatte, vermutlich zwei bis drei Jahre alt. Er gelangte zu größerem Ruhm als alle seine Brüder, ja, er stand im Andenken der Ägypter fast so hoch wie sein Vater selbst. Dabei erwarb er sich dieses Ansehen nicht durch die Übernahme bedeutender militärischer oder politischer Ämter, sondern sein grandioser Aufstieg gründete sich auf sein Wirken als Theologe und Historiker.[158] Schon in seiner Schulzeit müssen sich seine besonderen Neigungen gezeigt haben, denn im jugendlichen Alter, mit ungefähr siebzehn Jahren, trat er in den Dienst des Gottes Ptah vom Memphis, eines der Hauptgötter des Landes, und erhielt gleich zu Beginn seiner Laufbahn den Rang eines Sem-Priesters: Dies war ein alter Titel, den fast jeder getragen hat, der später das Amt des Hohenpriesters übernahm.

Der Kult des Gottes Ptah von Memphis war eng mit dem des heiligen Apis-Stiers verknüpft.[159] Um 3000 v. Chr. gab es in Ägypten zahlreiche Stierkulte, doch nur drei erlangten eine große Bedeutung; am berühmtesten wurde der des Apis-Stiers. Seele und Macht des Gottes Apis, so glaubte man, waren immer in einem lebenden Stier gegenwärtig; in Festprozessionen führte man ihn über Äcker und Felder, um so die Fruchtbarkeit des ganzen Landes zu sichern. Darüber hinaus verstand man das Tier auch als «Herold» oder als «Abbild» des Schöpfergottes Ptah. Starb der Apis, so trauerte das ganze Land, und nach der feierlichen Beisetzung suchte man einen neuen Stier, der – wie der vorige – ganz bestimmte Merkmale in der Zeichnung des Fells aufweisen mußte. War er gefunden und in Memphis feierlich als neuer Apis eingeführt, hörte die Trauer des Volkes auf.

In der Zeit König Amenophis' III. (1390–1353 v. Chr.) hatte man in der Nekropole von Sakkara eine spezielle Begräbnisstätte für die heiligen Apis-Stiere eröffnet, die heute unter dem Namen «Serapeum» allgemein bekannt ist. Die Tiere wurden dort in nahe beieinander liegenden Einzelgräbern beigesetzt.[160]

Chaemwese war erst kurze Zeit am Tempel von Memphis tätig, als im 16. Regierungsjahr der Apis-Stier starb. Der damalige Hohepriester des

Stele des Vezirs Chaj mit den Göttern Osiris und Apis
(Apis ist als Mensch mit Stierkopf gekennzeichnet).
Granit. Ägyptisches Museum Kairo

Ptah, Hui, übertrug nun dem Prinzen verschiedene Aufgaben, welche für die Grablegung des heiligen Tieres notwendig waren.

In einer siebzig Tage dauernden Prozedur wurde der Stier mumifiziert und mit Leinenbinden umwickelt in einen Holzsarg gelegt. Für seine Bestattung hatte man eine Grabkammer neu aus dem Felsen herausgehau-

Sakkara, die Nekropole von Memphis mit der Stufenpyramide des Königs Djoser (2624 – 2605 v. Chr.)

en; am Begräbnistag folgte die Bevölkerung klagend und weinend der Leichenprozession, an der auch höchste Würdenträger des Staates teilnahmen, darunter der Vezir Paser und der ältere Bruder des Chaemwese, der General Ramesse, der sogar Kronprinz werden sollte.

Einige Zeit später wurde ein Nachfolger für den toten Stier gefunden; der Tempel von Memphis besaß nun wieder ein lebendes Götterbild.

Der Prinz Chaemwese wurde schließlich selbst Hoherpriester des Ptah von Memphis. Als vierzehn Jahre später, im 30. Regierungsjahr Ramses' II., erneut der Apis-Stier starb, besorgte er, diesmal als Hoherpriester, das Begräbnis und bestattete den Stier in derselben Grabkammer, in der auch der im Jahr 16 verstorbene Apis beigesetzt worden war. Eine Stele, die heute im Louvre, Paris, zu sehen ist, überliefert uns das genaue Datum der Grablegung: «3. Monat der Sommerjahreszeit, Tag 21»[161].

Die Grabkammer wurde nach der Beisetzung verschlossen, und es dauerte mehr als drei Jahrtausende, ehe sie wieder ein Mensch betrat. Im Jahre 1852 entdeckte der französische Ägyptologe und Archäologe Auguste Mariette (1821–1881) die Kammer. Er sei tief bewegt gewesen, so schreibt er, als er in der dünnen Sandschicht, die den Boden bedeckte, noch die Fußabdrücke der Priester erkennen konnte, die Jahrtausende vor ihm bei der Bestattung des Apis mitgewirkt hatten.[162] Die Wände der Grabkammer schmückten Reliefs, die Ramses II. und seinen Sohn darstellten, wie sie dem Apis ein Trankopfer darbringen. Auch die beiden Holzsärge der Apis-Stiere befanden sich in dem Raum; neben dem einen standen vier große Kanopenkrüge aus Alabaster, neben dem anderen hatte man eine lebensgroße Osiris-Statue aus vergoldetem Holz aufgestellt. In den Nischen der Wände waren zwei Rundbilder des Prinzen Chaemwese aus bemaltem Sandstein untergebracht. Zwei Altäre, bekrönt jeweils mit der Figur des Balsamierungsgottes Anubis, gehörten mit Uschebtifiguren, Amuletten und Schmuck zu den wichtigsten Fundobjekten.

In späteren Jahren wurden am Serapeum unter Leitung des Prinzen Chaemwese noch zahlreiche Erweiterungen und Umbauten vorgenommen; der heutige Besucher kann allerdings nur eine Galerie besichtigen, die aus der 26. Dynastie stammt; die älteren Anlagen sind unzugänglich.

Neben der Bautätigkeit am Serapeum ließ Chaemwese in seiner Eigenschaft als Hoherpriester des Ptah auch bedeutende bauliche Veränderungen am Tempel des Ptah in Memphis durchführen, doch insgesamt waren es nicht diese sakralen Bauten, die seine Hauptleistung und seinen Ruhm ausmachten. Überragend und glanzvoll war vor allem das theologische Wirken des Prinzen: Die alte Residenzstadt entwickelte sich unter seiner

Der Eingang zum Serapeum

In den Grüften der heiligen Apis-Stiere

Restaurationsinschrift des Chaemwese auf der Südseite der Pyramide
des Königs Unas (2355 – 2325 v. Chr.) in Sakkara

Hohenpriesterschaft zu einem bedeutenden religiösen Zentrum. Er erforschte und ergründete das Wesen seines Gottes und formulierte jetzt zum erstenmal die Einwohnung des Ptah mit dem Erd- und Regenerationsgott Tatenen. Die neue Göttergestalt Ptah-Tatenen, die zum Schutzgott der Regierungsjubiläen von Ramses II. aufstieg, gehörte von nun an zu den wichtigen Göttern des ägyptischen Pantheons. Vermutlich geht auch die Abfassung des «Denkmals memphitischer Theologie», das zu den prominentesten religiösen Literaturwerken des alten Ägypten gehört, auf Chaemwese zurück.

Mit großem Interesse verfolgte der Prinz auch historische Neigungen. So öffnete er in Sakkara verfallene Gräber von längst verstorbenen Pharaonen und untersuchte sie genau. Das was er zerstört vorfand, ließ er liebevoll wieder herrichten. Noch heute kann man an der Südseite der Pyramide des Königs Unas (5. Dynastie, 2355–2325 v. Chr.) eine Inschrift sehen, die von den Restaurierungsarbeiten des Prinzen berichtet. Gerade sein archäologisches Wirken in Sakkara war es, das ihm bei der Nachwelt den Ruf eines großen Magiers und Zauberers, aber auch den eines Grabfrevlers eintrug. Noch nach Jahrhunderten erzählte sich das Volk Geschichten über ihn, und sogar ein Romanzyklus, in welchem der Prinz die Hauptrolle spielt, ist uns erhalten geblieben.[163]

Im 52. Regierungsjahr wurde Chaemwese Kronprinz des Nillandes, nachdem seine drei älteren Brüder gestorben waren. Er selbst starb schließlich im 55. Regierungsjahr seines Vaters und wurde nahe beim Serapeum beigesetzt.

Ramses, Liebling der Götter

Im 30. Regierungsjahr feierte Ramses II. sein erstes Regierungsjubiläum, «Hebsed» genannt, ein Fest, das ein König in der Regel zum erstenmal dreißig Jahre nach seiner Thronbesteigung beging[164]; in kürzeren Abständen von drei oder vier Jahren wurde es wiederholt. Diese Jubiläen sollten die Kräfte des alternden Königs rituell erneuern; sie waren darüber hinaus eine Demonstration der königlichen Macht, an der das ganze Land Anteil nahm. Die Großen des Reiches fuhren auf ihren Schiffen zum Ort des Jubiläums, um dem Herrscher ihre Huldigung darzubringen.

Für dieses Ereignis wurden eigene Bauten errichtet, die der König während des Festes benützte. Prozessionen wurden veranstaltet; die Götter Ägyptens sollten den Herrscher wie am Tage der Krönung bestätigen.

Das Fest war alt, und Teile davon stammten aus dem vorgeschichtlichen Ritual des Häuptlings- oder Königsmordes; damals tötete man alte, kraftlos gewordene Herrscher, damit ein junger König eingesetzt werden konnte. Vermutlich spiegelt sich dieses Ritual der Vorgeschichte in dem Brauch wieder, am Vorabend des Jubiläums eine Königsstatue feierlich zu begraben.

Das Fest dauerte mehrere Tage; seinen Höhepunkt erreichte es, wenn der König in einem Pavillon auf dem Thron erschien, einmal die oberägyptische Krone und einmal die unterägyptische Krone tragend. Bei dieser Zeremonie war der Herrscher mit einem speziellen Hebsedgewand, einem kurzen weißen Mantel, der oberhalb der Knie endete, bekleidet. Die Arme waren ganz umhüllt, durch den weiten Halsausschnitt blieben die Schultern fast unbedeckt. Die Hände kamen aus dem Mantel hervor und hielten als Abzeichen der Macht Krummstab und Geißel.

Groß waren die Vorbereitungen für das Hebsed, und Ramses II. beauftragte seinen Sohn Chaemwese mit der Organisation und Leitung des Jubiläums. Monate bevor das Fest begann, reiste der Prinz durch das Nilland und verkündete das bevorstehende Ereignis, das in Memphis stattfinden sollte. Das Jubiläum stand unter dem Patronat der neuen Götterverbindung «Ptah-Tatenen».

Im ganzen Land fanden Viehzählungen statt, Lieferungen von allerlei Produkten wie Wein, Fleisch und Honig wurden auf den Weg nach Mem-

Der Gott Ptah-Tatenen. Bemaltes Relief im Grab eines der Prinzen
von Ramses III. im Tal der Königinnen

phis geschickt. Inschriften vom bevorstehenden Ereignis wurden an verschiedenen Plätzen des Landes angebracht, so etwa in Gebel Silsile, 60
Kilometer nördlich von Assuan, in einem Felstempel, den Haremhab
einst dort hatte errichten lassen. Neben und über einer Reliefdarstellung

des Chaemwese in der Tracht des Hohenpriesters von Memphis kann man lesen:

«Regierungsjahr 30, Erstes Mal des Hebsed des Herrn der Beiden Länder Usermaatre-Setepenre, mit Leben beschenkt für immer. Seine Majestät befahl, das Regierungsjubiläum im ganzen Land anzukündigen. Der Königssohn und Sem-Priester Chaemwese, der Gerechtfertigte.»[165]

Ramses änderte, wie schon König Amenophis III. vor ihm, aus Anlaß seines Regierungsjubiläums den Horusnamen, der von jetzt an hieß: *Herr von Regierungsjahren wie sein Vater Ptah-Tatenen*[166], das heißt, der Schutzgott des Hebsed wurde in die königliche Titulatur aufgenommen.

Nur wenige Pharaonen regierten so lange, daß sie ein Hebsed real feiern konnten; Ramses, der Liebling der Götter, übertraf auch diese wenigen, denn er konnte nach dem ersten Fest noch weitere dreizehn Wiederholungen begehen.[167] Die letzten Regierungsjubiläen der Jahre 61, 63 und 66 fanden aber nicht mehr in Memphis, sondern in Piramesse statt, weil der König wegen seines hohen Alters den Strapazen der Reise nicht mehr gewachsen war.

Treue Diener ihres Herrn

Die lange Regierungszeit des Königs brachte es mit sich, daß die Männer, welche mit großen Ämtern und Aufgaben betraut waren, mehrfach wechselten. Wir kennen die höhere Beamtenschaft von Ramses II. zwar besser als die anderer Pharaonen, aber die Schwierigkeit besteht oft darin, sie innerhalb der Regierungszeit einzuordnen. Neun Vezire, zehn Vizekönige von Nubien, zahlreiche Hohepriester des Amun, des Ptah und des Sonnengottes Re sowie viele andere Spitzenfunktionäre dienten Ramses in seiner über 66 Jahre währenden Herrschaft. Von einigen Würdenträgern kennen wir den Verlauf ihres beruflichen Aufstiegs, wissen um die Ausbildung, die sie erfahren haben, und um die Beziehungen, die sie knüpfen mußten, damit sie hohe Positionen im Staat erreichen konnten.

Die Schwester von Ramses II., Tia, war, noch bevor der Großvater Ramses I. den Pharaonenthron bestieg, mit einem jungen Mann verheiratet worden, der merkwürdigerweise den gleichen Namen trug wie seine Gemahlin, nämlich Tia, Sohn des Amunwahsu.[168] Nachdem Ramses I. König von Ägypten geworden war, stieg Vater Amunwahsu durch seine Verbindung zum Königshaus zum «Schreiber am Speisetisch des Herrn der Beiden Länder» auf, ein Rang, der ihm Verantwortung für die königliche Tafel übertrug. Sein Sohn Tia war bereits «königlicher Sekretär», erhielt dazu aber den Ehrentitel für Beamte, die eine persönliche Beziehung zum Herrscher knüpfen konnten: «Wedelträger zur Rechten des Königs». Ramses II. beförderte später seinen Schwager zum «Schatzhausvorsteher» an seinem Totentempel, dem Ramesseum in Theben-West. Diese wichtige Vertrauensposition war noch verbunden mit der Aufsicht über die Rinderherden des Amun-Tempels, mit dem Rang eines «Großen Rindervorstehers des Amun, König der Götter». Die königliche Schwester Tia wirkte als «Sängerin des Amun» beim Kult des Gottes mit. Es war eine archäologische Sensation, als der britische Ägyptologe Geoffrey T. Martin, der seit 1975 in der memphitischen Nekropole von Sakkara erfolgreiche Ausgrabungen durchführt, 1982 das Grab von Tia und Tia entdeckte.

Ebenfalls eine bedeutende Karriere machte Paser als Vezir des Südens. Der steile Aufstieg zum zweithöchsten Staatsmann fiel noch in die Regie-

Der Vezir Paser. Ausschnitt einer Statue aus grauem Granit.
Ägyptisches Museum Kairo

rungszeit Sethos' I. Vermutlich entstammte er einer Offiziersfamilie,
doch scheint sein Großvater Tapaja[169] noch keinen höheren Rang im Heer
bekleidet zu haben. Der Vater, Nebnetjeru, der den Kurz- und Kose-
namen Tjli führte, konnte die Spitzenposition des «Hohenpriesters des
Amun» erreichen, allerdings wissen wir nicht, über welche Stufen sein

Aufstieg erfolgte. Die Mutter, Meritre, stammte jedenfalls aus der alten Residenzstadt Memphis. Im Grab des Paser, in Theben-West, berichtet der Vezir selbst in knapper Weise über seinen Werdegang:

«Mein Herr [gemeint ist Sethos I.] befahl, den Diener [hier meint Paser sich selbst] zum ‹ersten Kammerherrn des Palastes› einzusetzen, indem er ihn zum Höfling und zum ‹Ersten Gottesdiener der Werethekau [Kronengöttin]› beförderte [d. h. in Pasers Obhut befanden sich die königlichen Kronen]. Dann ernannte er ihn zum Vezir, der richtet in Wahrheit und dem befohlen ist, die Tribute der südlichen und nördlichen Fremdländer für das Schatzhaus des starken Königs entgegenzunehmen. Abgesandt wurde er wegen der Größe seiner Vortrefflichkeit, um die Abgaben der beiden Länder nach den Bezirken von Ober- und Unterägypten zu berechnen.»[170]

Zu Pasers Aufgaben gehörte es also, die Tribute von Kleinasien und Nubien einzutreiben sowie die Steuerpflichten des Nillandes selbst festzusetzen.

Unter Ramses II. hatte Paser nicht nur in Theben seinen Amtssitz, sondern er mußte auch in Memphis und später in Piramesse für seinen königlichen Herrn präsent sein. Dienstreisen führten ihn durch das ganze Land. Wir finden ihn – teilweise in Begleitung des Herrschers – auf Inspektionsgängen, um sich über den Fortgang von Bauvorhaben zu informieren.[171] Zu seinen Pflichten gehörte es auch, die Versorgung der Arbeiter sicherzustellen. So schreibt zum Beispiel der Bürgermeister von Theben-West: «Mir hat der Vezir Paser dieses geschrieben: Lasse die Rationen der Handwerkerschaft herbeibringen.»[172]

Unter Ramses II. diente Paser noch 26 Jahre als Vezir, dann nahm er Abschied von seinem hohen Amt und übernahm die sicher weniger aufreibende Position des «Hohenpriesters des Amun», die einst auch sein Vater innegehabt hatte. Im 38. Regierungsjahr starb er in Theben im Alter von ungefähr siebzig Jahren.

In dem Jahr, in welchem Paser starb, wurde in Nubien ein neuer Vizekönig ernannt, ein Mann namens Setau[173]. An seiner Laufbahn erweist sich, daß der Aufstieg zu hohen Positionen des Staates nicht mehr von einem erfolgreichen Heeresdienst abhängig war. Setau war ein homo novus, seine Eltern kennt man zwar dem Namen nach, aber sie waren einfacher Herkunft. Er wurde in Theben geboren und hatte das Glück, als Kind in die Palastschule aufgenommen zu werden. Auf einer Stele aus dem 44. Regierungsjahr, die im äußeren Hof des Tempels von Wadi es-Sebua aufgestellt war (heute im Kairener Museum), schildert Setau ausführlich seinen Werdegang (den Felstempel von Wadi es-Sebua, auf halber Strecke zwischen Assuan und Abu Simbel auf der Westseite des Nils gelegen, hatte Setau im Auftrag Ramses' II. erbaut):

«Ich wuchs auf in der Staatsverwaltung, als ich noch ein Junge war», erzählt Setau und berichtet weiter, daß man ihm das Amt eines «Schreibers allen Hornviehs» mit «vollem Gehalt» übertragen habe, obwohl er zu diesem Zeitpunkt noch Schüler war. Weiter heißt es: «Man fand mich, als ich noch ein Junge war, indem ich zum großen Schreiber des Vezirs eingesetzt wurde». Setau hatte also schon früh eine leitende Funktion im Büro des Vezirs inne; vielleicht war Paser sein Chef oder dessen direkter Nachfolger, der Vezir Chaj. Als nächste Stufe erklomm Setau die Position eines «Großen Domänenverwalters des Amun, des Königs der Götter». Er war jetzt für alle Liegenschaften des Tempels dieses Gottes verantwortlich und stand dem Schatzhaus vor. Dazu trug er den Titel eines «Festleiters des Amun», wobei – wie er selbst ausführt – «die beiden Goldaltäre mir unterstellt waren, wenn man sie vor ihn [den König] führte bei der Verehrung seiner Majestät und beim Preisen des Herrn der beiden Länder».[174]

Den Höhepunkt seiner Karriere stellte die Ernennung zum Vizekönig von Nubien dar; dazu erhielt er den Ehrenrang eines «Wedelträgers zur Rechten des Königs». Die Berufung des Setau in diese Position ist bemerkenswert, denn es war üblich, daß man den Vizekönig von Kusch aus dem Offizierskorps auswählte. Die Übertragung des Amtes an einen reinen Verwaltungsspezialisten, der dazu keine Familienbeziehungen hatte, ist dagegen außergewöhnlich und spricht für die Fähigkeiten dieses Mannes.

Im 44. Regierungsjahr kam es in Nubien zu einem kleinen Zwischenfall. Es scheint, daß Aufständische im Wadi Alaqi eine Goldarbeitertruppe angegriffen haben. Setau beantwortete den Überfall mit einer militärischen Strafaktion, die er als große Kriegstat herausstellt:

«Es besiegte der starke Arm Pharaos,
des vollendeten Herrn, das Land Armi [Gegend in der
östlichen Wüste von Nubien], das elende.
Er nahm den Großen [einen Häuptling] von Akujata
zusammen mit seiner Frau und seinem Sohn
sowie alle seine Verwandten gefangen,
wobei ich, der Truppenkommandant,
als Wegführer an der Spitze seines Heeres war.
Nicht konnte sich dieses elende Land Kusch verstecken!
Was gehen konnte, ging dahin, vollständig erbeutet!
Und ich veranlaßte eine Meldung über sie
und ließ sie nach Ägypten wegbringen.»[175]

Wir wissen nicht, wie lange Setau das Amt des Vizekönigs von Nubien innehatte; nach seinem Tod wurde er jedenfalls in seiner Heimatstadt Theben bestattet.

Im Kairener Museum und in der Staatlichen Sammlung Ägyptischer Kunst, München, kann man eine Würfelhocker-Statue des «Hohenpriesters dcs Amun», Bakenchons, besichtigen[176]; der Text auf beiden Statuen erzählt seine Biographie: Etwa im gleichen Jahr wie Ramses geboren, erreichte er ein ebenso hohes Alter wie sein königlicher Herr. Bevor man

Bakenchons, Hoherpriester des Amun.
Ausschnitt eines Kalksteinwürfelhockers im Ägyptischen Museum Kairo

diesen Lebenslauf aber näher betrachtet, ist es notwendig, einige Worte zur Organisationsform der Tempelpriester zu sagen.[177]

Nach 1500 v. Chr. entstand in den Tempeln Ägyptens eine neue, sehr differenzierte Ordnung: An der Spitze stand der erste Prophet des Gottes, der Hohepriester. Ihm nachgeordnet waren der zweite, dritte und vierte Prophet. Kollegial leiteten sie den Tempel sowohl in religiöser als auch in verwaltungsmäßiger Hinsicht. Die Aufgaben wurden zwar auf die einzelnen Propheten verteilt (der zweite Prophet hatte zum Beispiel das Siegelrecht über das Schatzhaus und den Speicher), aber die Oberaufsicht lag immer in den Händen des Hohenpriesters. Diesen vier Männern, die hauptberuflich am Tempel tätig waren, unterstanden die Reinigungspriester, die sich meist aus jungen Tempelschülern rekrutierten, die ihr Studium abgeschlossen hatten. Diese Reinigungspriester wurden nur zeitweise zum Tempeldienst herangezogen, sie konnten deshalb auch einer anderen Beschäftigung außerhalb des Tempels nachgehen. Einen besonderen Rang besaß der «Reinigungspriester an der Spitze»; er durfte bei feierlichen Prozessionen heilige Geräte tragen und hatte zudem das Recht, silberne Sandalen anzulegen. Zwischen den Reinigungspriestern und den Propheten gab es noch die Priestergruppe der «Gottesväter», die am Tempel für verschiedenste Aufgaben, auch handwerklicher Art, angestellt waren. Bei Festveranstaltungen zogen sie voran und besprengten den Weg der Prozession mit Wasser. Für Sonderaufgaben, wie etwa Blumenschmuck oder das Vorbereiten der Opfergaben, standen Assistenzpriester zur Verfügung. Die Frauen der Priester taten als «Sängerinnen» oder als «Musikantinnen» des Tempels ihren regelmäßigen Dienst.

Bakenchons nun wurde in Theben als Sohn des späteren «zweiten Amunspropheten» Rama und seiner Ehefrau Ipui geboren und kam im Alter von fünf Jahren an die «Schule der Schriften im Tempel der Mut» in Karnak, wo er in vier Jahren vor allem Lesen und Schreiben lernte. Dann wechselte er zur militärischen Ausbildung an den «Rekrutenstall» Sethos' I. Als er auch die soldatische Erziehung abgeschlossen hatte, war Bakenchons zwanzig Jahre alt und hatte die Möglichkeit, eine glänzende Laufbahn zu beginnen: Als Reinigungspriester trat er in den Dienst des Gottes Amun und blieb für vier Jahre in diesem Rang. Dann folgte sein Aufstieg zum «Gottesvater des Amun». Zwölf Jahre später war er bereits dritter Prophet des Amun, und nach weiteren fünfzehn Jahren rückte er zum zweiten Propheten auf. Im Alter von 63 Jahren wurde er zum «Hohenpriester des Amun» berufen und behielt dieses Amt 26 Jahre, ehe er aus Altersgründen zurücktrat. In seiner Zeit an der Spitze der Amunspriesterschaft leitete er für seinen König in Karnak ein großes Bauvorhaben, von dem er in seinem Lebensbericht erzählt:

«Ich habe für ihn [gemeint ist Ramses] den Tempel
‹Ramses, geliebt von Amun, der die Bitten erhört›
am oberen Tor des Karnaktempels erbaut.
Ich habe in ihm Obelisken aus Granit aufgestellt,
deren Schönheit sich dem Himmel nähert.»[178]

Das Gotteshaus, das Bakenchons errichtete, liegt im östlichen Teil des Amun-Tempels, eingebettet zwischen dem Festtempel Thutmosis' III. und dem um 350 v. Chr. errichteten Osttor von König Nektanebos II. Keiner der Obelisken, die Ramses in Karnak aufstellen ließ, haben die Zeiten überdauert. Doch fand man außerhalb der Umfassungsmauer am östlichen Eingang zwei Sockel und Fragmente von ihnen, auf denen der Name des Königs erscheint. Vermutlich sind dies die Reste der von

Kolossale Pfeilerfigur Ramses' II. in dem Tempel, den Bakenchons im Auftrag seines Herrn in Karnak für ihn errichtete

Ramses II. vor dem ithyphallisch dargestellten Gott Amun, ein Räucheropfer darbringend. Relief im Tempel des Königs in Karnak

Bakenchons einst aufgerichteten Obelisken. Das Grab des Bakenchons liegt in Theben-West; seine Nachkommen aber waren noch über Generationen, manche in höchsten Positionen, am Amun-Tempel von Karnak tätig.[179]

Ein weiterer, treuer Diener des Königs war auch Amuneminet[180], der ein Jugendfreund Ramses' II. gewesen war und ihm später als persönlicher Berater diente und zahlreiche Sondermissionen für seinen König übernahm. Als dann im 12. Regierungsjahr der «Hohepriester des Amun» Nebwenenef starb, setzte Ramses in die vakante Position den Vater des Amuneminet, Wennefer, als Nachfolger ein.

Eine bemerkenswerte Karriere machte auch der Generalissimus Urchia[181], der eine Laufbahn als Verwaltungsbeamter begann und «Oberster Domänenverwalter» am Totentempel seines Königs, dem Ramesseum in Theben-West, wurde. Sein Sohn Jupa wurde im 5. Regierungsjahr, damals etwa fünfzehn Jahre alt, Schüler am «Rekrutenstall» Ramses' II. und konnte später das Amt seines Vaters übernehmen. Wie mächtig die Position des Jupa war, belegt ein Brief aus den vierziger Jahren des Königs. Ärgerlich schrieb damals der Schatzhausschreiber Inena an seinen Vorgesetzten: «Möge doch mein Herr an den Domänenvorsteher Jupa, an den Propheten Bakenchons und an den Bürgermeister [von Theben] Haunefer schreiben, daß sie nicht immer die Hörigen des Schatzhauses [zu anderen Arbeiten] wegholen!»[182]

Alle Biographien der hier vorgestellten Würdenträger Ramses' II. zeigen deutlich: Ein Aufstieg zu einem hohen Amt im Staat hing vor allem davon ab, ob man im «richtigen Elternhaus» zur Welt gekommen war; eine Karriere aus der einfachen Schicht des Volkes heraus gehörte dagegen zu den Ausnahmen.

Ramses, Pharao der Bedrückung?

Im Alten Testament wird in den Büchern Mose der Name «Ramses» mehrfach in geographischen Bezeichnungen erwähnt. So wird das Land Gosen, das einst der ägyptische König dem biblischen Joseph und seiner Sippe als Weideland zugewiesen hatte, im 1. Buch Mose 47, 11 «Land des Ramses» genannt. Gosen, das in ägyptischen Texten bisher nicht belegt werden kann, muß wohl in der näheren Umgebung der Stadt Piramesse, vielleicht im Wadi Tumilat, gesucht werden.

Weiter heißt es dann im 2. Buch Mose 1, 6–11: «Als nun Joseph gestorben war und alle seine Brüder und alle, die zu der Zeit gelebt hatten, wuchsen die Kinder Israel und zeugten Kinder und mehrten sich und wurden überaus stark, so daß von ihnen das Land voll ward. Da kam ein neuer König auf in Ägypten, der wußte nichts von Joseph und sprach zu seinem Volk: Siehe, das Volk Israel ist mehr und stärker als wir.[183] Wohlan, wir wollen sie mit List niederhalten, daß sie nicht noch mehr werden. Denn wenn ein Krieg ausbräche, könnten sie sich auch zu unseren Feinden schlagen und gegen uns kämpfen und aus dem Lande ausziehen. Und man setzte Fronvögte über sie, die sie mit Zwangsarbeit bedrücken sollten. Und sie bauten dem Pharao die Städte Pithom und Ramses als Vorratsstätte.»

Die Hebräer wurden also nicht nur in der Ramsesstadt zur Fron gezwungen, sondern auch in Pithom, das im nordöstlichen Delta, westlich vom heutigen Ismailija lag. Leider stellen die geographischen Benennungen kein Datierungskriterium dar: Die Niederschrift der Moses-Bücher erfolgte erst um 800–600 v. Chr.[184], nach einer langen Zeit der mündlichen Weitergabe. Zum Zeitpunkt der schriftlichen Abfassung der Bibeltexte mögen die ägyptischen Orte, an denen die Israeliten siedelten, und die Plätze, an denen sie ihre Zwangsarbeit leisteten, so genannt worden sein, aber keinesfalls folgt daraus, daß sie auch so hießen, als die Hebräer noch in Ägypten lebten.

Bekanntlich erwuchs den geplagten Kindern Israels im Nilland ein Retter in der Gestalt des Moses. Berufen von Jahwe plante er für sein Volk die Flucht aus Ägypten, und es heißt im 4. Buch Mose 33, 3: «Sie zogen aus von Ramses am fünfzehnten Tag des ersten Monats, dem zwei-

Statue Ramses' II. (Ausschnitt).
Schwarzer Granit. Museo egizio di Torino

ten Tag des Passa.» Vierzig Jahre zogen sie mit Moses durch die Wüste, ehe sie das gelobte Land Kanaan in Besitz nehmen konnten.

Weit verbreitet ist nun die Meinung, daß der Exodus sich in der Regierungszeit Ramses' II. ereignet habe. Als Beleg dafür wird ein ägyptisches Denkmal, eine große Siegesstele, angeführt, die der Nachfolger und Sohn Ramses' II., Merenptah, im 5. Regierungsjahr in einem Tempel aufstellen ließ, die sich heute aber im Kairener Museum befindet. In Zeile 27 auf diesem Dokument erscheint die einzige Erwähnung von Israel[185], die es von ägyptischer Seite gibt. Im Zusammenhang mit besiegten palästinensischen Städten heißt es: «Israel liegt brach und hat keine Nachkommen mehr.»[186] Geht man nun davon aus, daß hier die aus Ägypten ausgewanderten Hebräer gemeint sind und nicht etwa andere Stämme Israels, und rechnet man die vierzig in der Wüste verbrachten Jahre ab, liegt der Zeitpunkt für den Auszug in der Epoche Ramses' II.[187]

Eine solch buchstabengetreue Betrachtungsweise besitzt allerdings keine Glaubwürdigkeit und wird durch die Bibel selbst widerlegt. Im 1. Buch der Könige (6, 1) heißt es vom Tempelbau Salomos, der seine Herrschaft 967 v. Chr. antrat: «Im vierhundertundachtzigsten Jahr nach dem Auszug Israels aus dem Ägyptenland, im vierten Jahr der Herrschaft Salomos über Israel, im Monat Siw, das ist der zweite Monat, wurde das Haus des Herrn gebaut.» Nimmt man diese Angaben ebenso genau wie die vorigen, muß der Exodus in der Zeit Thutmosis' III. (1458–1426 v. Chr.), also lange vor Ramses II., stattgefunden haben.

Auch die Figur des Moses selbst liefert keinen Hinweis zu einer Datierung. Nach den alttestamentlichen Texten zeigt sich seine Gestalt sehr unterschiedlich akzentuiert: Anfänglich ist er, der als Israelit am ägyptischen Königshof aufwächst, nur das Werkzeug von Jahwe. Später aber wird er zum Schöpfer und Verkünder der Jahwe-Religion als des «Bundes» zwischen Gott und dem Volke Israel. Als großer Wundertäter und Verfasser der Bücher Mose ranken sich um seine Person so viele Sagen und Legenden, daß man den historischen Kern kaum noch erkennen kann.[188]

Bemerkenswert ist, daß Moses einen guten ägyptischen Namen trägt, das heißt es ist der zweite Teil von häufig vorkommenden Personennamen, wie zum Beispiel Amunmesse = Amun-mes-su («Amun ist es, der ihn geboren hat»). Es war manchmal üblich, den Namen des Gottes ganz wegzulassen, da das Wissen um ihn vorausgesetzt wurde. So kennen wir aus dem Nilland zahlreiche Personen, die nur Messu oder Mesi heißen, was dem hebräischen Moscheh (= Moses) entspricht.

Vom Namen her hat man auch versucht, Moses mit dem ephemeren ägyptischen König Messu gleichzusetzen, der für drei Jahre 1203–1200 v. Chr. den Pharaonenthron usurpierte und dann spurlos verschwand.[189]

In seiner «Geschichte Ägyptens» datiert Alan Gardiner den Aufenthalt der Israeliten im Nilland und ihren Auszug weiter zurück[190], nämlich in die Jahre 1640 bis 1540 v. Chr. Könige asiatischer Herkunft (von dem ägyptischen Geschichtsschreiber Manetho als «Hyksos» bezeichnet) übten damals im Nilland die Macht aus. Das alte Auaris im östlichen Delta, das später in die Ramsesstadt integriert wurde, wählten sie als Zentrum ihrer Herrschaft. Sie bauten die Stadt neu, versahen sie mit starken Mauern und kontrollierten von dort das Land. Nach langen Kämpfen gelang es einem thebanischen Fürstengeschlecht, die Fremdherrschaft abzuschütteln und die Unterdrücker aus dem Land zu jagen. Die biblische Geschichte der Kinder Israels in Ägypten und ihr Auszug könnte durchaus mit Landnahme und Vertreibung der Hyksos in einem plausiblen Zusammenhang stehen, obwohl auch hier feste historische Grundlagen fehlen.

Moses auf dem Berg Nebo erblickt das Gelobte Land.
Pastell von Lesser Ury, 1927. Berlin Museum

Unser Moses-Bild haben Maler und Bildhauer von der Spätantike bis zur Gegenwart beeinflußt und mitgeprägt. Von der Katakombenmalerei des 4. nachchristlichen Jahrhunderts in Rom und der Sarkophagplastik spannt sich der Bogen zu den Arbeiten von Raffael, Michelangelo, Tintoretto und Tiepolo; Moses-Szenen und -Zyklen haben moderne Künstler wie Marc Chagall, Emil Nolde und Lesser Ury geschaffen.[191]

Leider müssen wir erkennen, daß die Bibel als Geschichtsbuch nur sehr begrenzt tauglich ist. Das Wirken und Nachwirken von Moses aber kann man am besten mit den Worten des Alttestamentlers Julius Wellhausen beschreiben: «Er [Moses] hat die Anforderungen der Gegenwart in einer Weise befriedigt, daß die Gegenwart eine Zukunft haben konnte.»[192] In König Ramses II. aber den «Pharao der Bedrückung» zu sehen, ist historisch durch nichts zu beweisen.

Ramses – Idol und Bürde
seiner Nachfolger

Im August des Jahres 1213 v. Chr. starb der greise und kranke König nach einer Regierungszeit von 66 Jahren und zwei Monaten im Palast der Residenzstadt Piramesse. Mit seinem Tod endete eine glanzvolle und friedliche Epoche Ägyptens. Kein Pharao vorher und nachher hat sein Zeitalter so geprägt wie er. Sein Land hat er durch gewaltige und architektonisch meisterliche Bauten zum Ruhme der Götter und zu seinem eigenen Ruhm bereichert. In seiner Zeit blühten religiöse und weltliche Dichtungen, von denen Axel Eggebrecht in seiner Weltliteratur schreibt, «daß in scheinbar starren Formen alle menschlichen Leidenschaften ihren Ausdruck finden; manchmal so hemmungslos, wie es heute kaum Sartre oder Henry Miller wagen. Formaler Traditionalismus ist eben nicht dasselbe wie geistiger Stillstand oder gar Prüderie.»[193]

Ramses II. darf vor allem als weitsichtiger Politiker gelten und als Meister in der Kunst der Diplomatie. Zu bewundern ist seine Friedensfähigkeit: Zum erstenmal in der Geschichte der Menschheit wird ein Staats- und Friedensvertrag zwischen zwei seit Generationen verfeindeten Großmächten abgeschlossen. Sicher hat Ramses auf dem Wege dorthin Widerstände im eigenen Lager erfahren müssen. Das Bündnis aber erwies sich als tragfähig und hatte über den Tod der beiden vertragschließenden Könige hinaus Gültigkeit.

Es ist eine Merkwürdigkeit der Geschichte, daß sie den Beinamen «der Große» in der Regel nur Herrschern zuerkennt, die Kämpfernaturen waren, die siegreiche Schlachten und Kriege führten, die sich aber wenig darum kümmerten, ob sie ihrem eigenen Volk und den Völkern, mit denen sie in Berührung kamen, Bedrückung, Angst, Not und Leid zufügten, wie zum Beispiel Makedoniens Alexander, der König von Pontos Mithradates VI. und der Preußenkönig Friedrich II. Ramses II. empfing diesen Beinamen nicht etwa als Würdigung für seine Friedensleistung, sondern für seinen «glorreichen Sieg» bei Kadesch.

Spätere ägyptische Könige blickten auf seine Epoche zurück wie auf ein Goldenes Zeitalter. Allein neun Könige der 20. Dynastie nannten sich nach ihm «Ramses». Ramses III. (1187–1156 v. Chr.) war ganz auf sein Vorbild fixiert, obgleich er selbst beachtliche Qualitäten als Herrscher

Kopf einer Kolossalstatue Ramses' II. im Ramesseum

Thron- und Geburtsname Ramses' II. mit dem Zusatz
«von Re-Harachte geliebt» auf einem Architekturelement
im Tempel von Karnak

aufwies. Sein Totentempel in Medinet Habu ist eine Kopie des Rames-
seums, und auch die Kadesch-Schlacht gegen die Hethiter, die es zu seiner
Zeit gar nicht mehr gab, ließ er für sich reproduzieren.[194] Sein Sohn und
Nachfolger Ramses IV. (1156–1150 v. Chr.) hat in seinem vierten Regie-
rungsjahr – zwei Jahre vor seinem Tod – in Abydos ein Gebet an den Gott
Osiris in eine Stele einmeißeln lassen, in dem es heißt:

«Du sollst zufrieden mit Ägypten sein,
deinem Land, in meiner Zeit.
Mögest du mir die lange Lebensspanne

und die hohe Regierungsdauer
des Königs Ramses' II., des großen Gottes, verdoppeln!
Wahrlich, stärker sind die Taten und die Herrlichkeiten,
die ich deinem Tempel darbrachte,
um dein Gottesopfer zu bereichern,
um jedes treffliche und gute Werk
für dein Allerheiligstes aufzuspüren,
Tag für Tag in diesen vier Jahren,
als das, was vorher dir
König Ramses II., der große Gott, darbrachte
in seinen siebenundsechzig Regierungsjahren!»[195]

Noch weitere sieben, eher unbedeutende Könige trugen den Namen
«Ramses».

Anmerkungen

Zu den Abkürzungen «LÄ», «Porter/Moss», «Wb» und «Kitchen, Inscriptions» siehe Bibliographie

1 Umfangreicher Untersuchungsbericht: L. Balout/C. Roubet, La momie de Ramsès II, Paris 1985

2 Der Fund der Königsmumien ausführlich dargestellt bei: W. Wolf, Funde in Ägypten. Sternstunden der Archäologie, Göttingen/Berlin/ Frankfurt a. M. 1966, S. 234–255

3 Vgl. E. Hornung, Der Eine und die Vielen, Darmstadt ³1983, S. 180–191

4 E. Hornung (siehe Anm. 3), S. 143 bis 159

5 Zur Maat: W. Helck, in: LÄ III, Sp. 1110–1119, Stichwort «Maat»; J. Assmann, Ägypten. Theologie und Frömmigkeit einer frühen Hochkultur, Stuttgart 1984, S. 11 ff.; derselbe, Ma'at. Weisheit, Staat und Unsterblichkeit im Alten Ägypten, München 1990

6 Dazu: J. Zandee, Death as an Enemy, Leiden 1960, S. 286 f.

7 J. Assmann, Ägyptische Hymnen und Gebete, Zürich 1975, S. 120

8 Zitiert nach J. Assmann (siehe Anm. 7), S. 496, 20–21

9 E. Hornung, Der ägyptische Mythos von der Himmelskuh. Eine Ätiologie des Unvollkommenen (orbis biblicus et orientalis 46), Fribourg ²1990

10 E. Hornung (siehe Anm. 9), S. 41, 124–129

11 Zu Osiris: J. G. Griffiths, in: LÄ IV, Sp. 623–633, Stichwort «Osiris» (mit ausführlichen Literaturangaben)

12 Zu Isis: M. Münster, Untersuchungen zur Göttin Isis vom Alten Reich bis zum Ende des Neuen Reiches, München 1968; J. Bergman, in: LÄ III, Sp. 186–203, Stichwort «Isis» (mit ausführlichen Literaturangaben)

13 Vgl. M.-A. Bonhême/A. Forgeau, Pharao, Sohn der Sonne, Zürich 1989, S. 60–63

14 Zur Fresserin als personifiziertem Höllenrachen vgl. Chr. Seeber, Untersuchungen zur Darstellung des Totengerichts im Alten Ägypten, Berlin 1976, S. 33–62

15 E. Hornung, Das Totenbuch der Ägypter, Zürich 1979, Spruch 125, S. 234, 13–14 und 20–28

16 E. Hornung (siehe Anm. 15), Spruch 125, S. 240, 122–131 und 134

17 E. Hornung (siehe Anm. 3), S. 145

18 Vgl. E. Hornung, Ägyptische Unterweltsbücher, Zürich ² 1984, S. 36

19 H. Altenmüller, in: LÄ I, Sp. 1065 bis 1069, Stichwort «Denkmal memphitischer Theologie»; zur Datierung: H. A. Schlögl, Der Gott Tatenen nach Texten und Bildern des Neuen Reiches, Fribourg 1980, S. 110–117

20 K. Sethe, Dramatische Texte zu altägyptischen Mysterienspielen, Leipzig 1928, S. 66 (58 c–f)

137

21 K. Sethe (siehe Anm. 20), S. 64 (57a bis b)

22 E. Otto, in: LÄ I, Sp. 237–248, Stichwort «Amun»

23 Vgl. C. Traunecker/J.-C. Golvin, Karnak. Résurrection d'un site, Fribourg 1984; J.-C. Golvin/J.-C. Goyon, Karnak Ägypten. Anatomie eines Tempels, Tübingen 1990

24 H. A. Schlögl (siehe Anm. 19), S. 118

25 E. Hornung (siehe Anm. 3), S. 82 bis 90

26 Vgl. T. Säve-Söderbergh, in: LÄ II, Sp. 686–696, Stichwort «Götterkreise»

27 Vgl. M. Bietak, in: LÄ V, Sp. 128 bis 146, Stichwort «Ramsesstadt»

28 Zur Göttin Anat: J. Leclant, in: LÄ I, Sp. 253–258, Stichwort «Anat»

29 Zur Göttin Astarte: J. Leclant, in: LÄ I, Sp. 499–509, Stichwort «Astarte»

30 Zum Gott Reschef: W. K. Simpson, in: LÄ V, Sp. 244–246, Stichwort «Reschef»

31 Zum Gott Hauron: W. Helck, in: LÄ II, Sp. 1055, Stichwort «Hauron»

32 Vgl. H. A. Schlögl, Echnaton, Reinbek 1986

33 R. Hari, Horemheb et la reine Moutnedjemet ou la fin d'une dynastie, Genf 1965; E. Hornung, Das Grab des Haremhab im Tal der Könige, Bern 1971

34 Vgl. L. Habachi, in: LÄ III, Sp. 630 bis 640, Stichwort «Königssohn von Kusch»

35 Vgl. A.-P. Zivie, in: LÄ V, Sp. 100 bis 108, Stichwort «Ramses I.»

36 Zu den Militärtiteln: W. Helck, in: LÄ IV, Sp. 128–134, Stichwort «Militär»

37 Vgl. M. I. Moursi, Die Hohenpriester des Sonnengottes von der Frühzeit Ägyptens bis zum Ende des Neuen Reiches, Berlin 1972, S. 50–52 (§31)

38 W. Helck, Urkunden der 18. Dynastie, Heft 21, Berlin 1958, S. 2120

39 Zum Vezirat: W. Helck, Zur Verwaltung des Mittleren und Neuen Reichs, Leiden 1958, S. 17–64; E. Martin-Pardey, in: LÄ VI, Sp. 1227 bis 1235, Stichwort «Wesir, Wesirat»

40 Vgl. E. Hornung, Das Tal der Könige. Die Ruhestätte der Pharaonen, Zürich ³1985, S. 39 f.

41 P. Kaplony, in: LÄ III, Sp. 641–659, Stichwort «Königstitulatur»; M.-A. Bonhême/A. Forgeau (siehe Anm. 13), S. 29–36

42 Vgl. L. Kákosy, in: LÄ V, Sp. 1110 bis 1117, Stichwort «Sothis»

43 J. von Beckerath, in: LÄ III, Sp. 297 bis 299, Stichwort «Kalender»

44 U. Luft, in: LÄ V, Sp. 1117–1124, Stichwort «Sothisperiode»

45 Vgl. H. A. Schlögl, Echnaton – Tutanchamun, Fakten und Texte, Wiesbaden ³1989, S. 65 f.

46 H. E. Winlock, The Temple of Ramesses I at Abydos, New York 1937

47 Eine gute Übersicht gibt W. Wolf, Die Kunst Ägyptens, Stuttgart 1957, S. 544–548

48 Vgl. R. O. Faulkner, The Wars of Sethos I., in: Journal of Egyptian Archaeology 33 (1947), S. 34–39; W. J. Murnane, The Road to Kadesh. A historical interpretation of the battle reliefs of King Sety I at Karnak, Chicago 1985

49 Dazu: T. Säve-Söderbergh, Ägypten und Nubien, Lund 1941, S. 168–170

50 Kitchen, Inscriptions II, S. 327, 11 bis 328,5

51 Zu Mehi vgl. W. Helck, in: LÄ IV, Sp. 4–5, Stichwort «Mehi»; W. J. Murnane (siehe Anm. 48), S. 163 bis 175, glaubt nicht, daß Mehi (wegen seines niedrigen militärischen Rangs) als möglicher Thronerbe vorgesehen war. Gegen diese Auffassung mit guten Gründen: W. Helck, Der «geheimnisvolle» Mehy, in: Studien zur Altägyptischen Kultur 15 (1988), S. 143–148. Eine Mitregentschaft von Ramses mit seinem Vater, wie sie z. B. W. J. Murnane

(The Earlier Reign of Ramesses II and his Coregency with Sety I, in: Journal of Near Eastern Studies 34, 1975, S. 189 f.) annimmt, scheint deshalb ausgeschlossen. Auf zwei Ostraka mit Liebesliedern erscheint der Name des Mehi in einen Königsring eingeschlossen; vgl. dazu M. V. Fox, The Songs of Songs and the Ancient Egyptian Love Songs, London 1985, S. 64

52 Vgl. R. Gundlach, Geschichtsdenken und Geschichtsbild im pharaonischen Ägypten, in: Universitas 40 (1985), S. 443–455; E. Hornung, Geschichte als Fest, in: Geist der Pharaonenzeit, Zürich 1989, S. 147 bis 163

53 Zum Datum der Thronbesteigung: R. Krauss, Das Ende der Amarnazeit, Hildesheim 1978, S. 257–263; M. Gutgesell, in: LÄ VI, Sp. 532 bis 535, Stichwort «Thronbesteigungsdaten». – Das Ritual der Krönung bei Ramses II. ist nicht belegt. Jedoch wird es in ähnlicher Weise abgelaufen sein, wie es die Fassungen des Rituals im Tempel der Königin Hatschepsut (Porter/Moss II, S. 347 ff.) und im Tempel von Luxor (Amenophis III.; vgl. Porter/Moss II, S. 326 f.) schildern. Dazu die Krönungsinschriften von Thutmosis III. (J. H. Breasted, A new Chapter in the Life of Thutmose III, Leipzig 1900, S. 6 ff.) und von Haremhab (R. Hari, siehe Anm. 33, S. 208–216). Die von einigen Autoren angenommene zeitliche Differenz zwischen Thronbesteigung und Krönung (vgl. z. B. W. Barta, Untersuchungen zur Göttlichkeit des regierenden Königs, Berlin 1975, S. 44–50; M.-Th. Derchain-Urtel, in: LÄ VI, 529 bis 532, Stichwort «Thronbesteigung»; M.-A. Bonhême/A. Forgeau, siehe Anm. 13, S. 214) läßt sich bei keinem ägyptischen König sicher belegen. Die Annahme von zwei Vorgängen

im Königsritual, d. h. einmal die Thronbesteigung als Datum der Machtergreifung und eine erst später erfolgende feierliche Krönung, wie es in einigen abendländischen Monarchien üblich war, kann nicht ohne Beweise auf das pharaonische Ägypten übertragen werden. Wir gehen deshalb davon aus, daß Thronbesteigung und Krönung an einem Tag stattfanden

54 Zitiert nach Texten der Thronerhebung der Königin Hatschepsut: K. Sethe, Urkunden der 18. Dynastie, Bd. 1, Leipzig 1927, S. 263, 4–6

55 K. Sethe (siehe Anm. 54), S. 264, 2 bis 4

56 K. Sethe (siehe Anm. 54), S. 264, 16 bis 17

57 Zur Titulatur des Königs vgl.: J. von Beckerath, Handbuch der ägyptischen Königsnamen, Berlin 1984, S. 89 f. und 236–239

58 Vgl. W. Barta (siehe Anm. 53), S. 49 ff.

59 Vgl. W. Helck, Zur Verwaltung des Mittleren und Neuen Reichs, Leiden 1958, S. 447–450

60 Das Grab Sethos' I. ist vollständig publiziert bei: E. Hornung, The Tomb of Pharaoh Sety I – Das Grab Sethos' I., Zürich 1991

61 Die beiden Bücher übersetzt bei: E. Hornung, Ägyptische Unterweltsbücher, Zürich 1971; dazu auch E. Hornung, Die Nachtfahrt der Sonne, Zürich 1991

62 Vgl. M. Bierbrier, The Tomb-Builders of the Pharaohs, London 1982; J. Romer, Sie schufen die Königsgräber. Die Geschichte einer altägyptischen Arbeitersiedlung, München 1986; M. Gutgesell, Arbeiter und Pharaonen. Wirtschafts- und Sozialgeschichte im Alten Ägypten, Hildesheim 1989

63 Vgl. z. B. H. de Meulenaere, in: LÄ I, Sp. 610, Stichwort «Balsamierer», und A. T. Standison, Sp. 610–614,

Stichwort «Balsamierung»; dazu S. D'Auria/P. Lacovara/C. H. Roehrig, Mummies & Magic (Ausstellungskatalog), Museum of Fine Arts, Boston 1988; Chr. El Mahdy, Mummies, Myth and Magic in Ancient Egypt, London 1989

64 Dazu E. Hornung (siehe Anm. 40), S. 135–142

65 Der Alabastersarkophag befindet sich heute im Sir-John-Soane-Museum, London: J. Bonomi/S. Sharpe, The Alabaster Sarcophagus of Oimeneptah I., King of Egypt, London 1864

66 Ein königliches Begräbnis wird im Grab des Tutanchamun dargestellt (vgl. Porter/Moss I, Part 2, S. 570); vgl. auch H. Altenmüller, in: LÄ I, Sp. 745–765, Stichwort «Bestattungsritual»

67 Vgl. Suche nach Unsterblichkeit. Totenkult und Jenseitsglaube im Alten Ägypten (Ausstellungskatalog Römer-Pelizäusmuseum Hildesheim), Mainz 1990, S. 104

68 Vgl. R. Grieshammer, in: LÄ IV, Sp. 223–224, Stichwort «Mundöffnungsritual»

69 Siehe Anm. 67, S. 110

70 Vgl. M. L. Bierbrier, in: LÄ II, Sp. 1243, Stichwort «Hoherpriester des Amun»

71 Porter/Moss II, S. 314 f.; vgl. W. J. Murnane, in: LÄ IV, Sp. 574–579, Stichwort «Opetfest»

72 Dazu R. Stadelmann, in: LÄ V, Sp. 91–98, Stichwort «Ramesseum»

73 P. Barguet, in: LÄ III, Sp. 1103–1107, Stichwort «Luxor»

74 M. L. Bierbrier, in: LÄ IV, Sp. 366, Stichwort «Nebwenenef»

75 Kitchen, Inscriptions II, S. 325, 6–12

76 Kitchen, Inscriptions II, S. 327, 5–11

77 Kitchen, Inscriptions II, S. 328, 7 bis 329, 3

78 Kitchen, Inscriptions II, S. 332, 1 bis 4, und 333, 11–14

79 Kitchen, Inscriptions III, S. 283, 8–11

80 Kitchen, Inscriptions III, S. 283, 11 bis 13

81 Kitchen, Inscriptions III, S. 284, 14 bis 15

82 Zum Tempel Ramses' II. in Abydos vgl. Porter/Moss VI, S. 33–41

83 Vgl. F. Gomaà, Chaemwese, Sohn Ramses' II. und Hoherpriester, Wiesbaden 1973, S. 2 f.

84 F. Gomaà (siehe Anm. 83), S. 8

85 F. Gomaà (siehe Anm. 83), S. 4

86 Die Dekoration des Grabes ist vollständig publiziert: H. Goedicke/ G. Thausing, Nofretari. Eine Dokumentation der Wandgemälde ihres Grabes. A Documentation of her Tomb and its Decoration, Graz 1971; einen guten Überblick über das Grab und sein Bildprogramm bietet E. Dondelinger, Der Jenseitsweg der Nefertari, Graz 1973; vgl. auch E. Hornung (siehe Anm. 40), S. 52 ff.; das in den siebziger Jahren für Besucher geschlossene Grab wurde restauriert: Wall Paintings of the Tomb of Nefertari. Scientific Studies for the Conservation (Annales du Service des Antiquités Égyptiennes), Kairo 1987

87 Vgl. E. Hornung (siehe Anm. 40), S. 52

88 M. Eaton-Krauss, in: LÄ V, Sp. 108, Stichwort «Ramses II.»

89 Vgl. H. A. Schlögl (siehe Anm. 32), S. 36 und 111

90 F. Gomaà (siehe Anm. 83), S. 15–19

91 Vgl. D. B. Redford, The earliest years of Ramesses II, and the building of the ramesside court at Luxor, in: Journal of Egyptian Archaeology 57 (1971), S. 110–119

92 Zu den ägyptischen Obelisken und ihren Schicksalen: L. Habachi, Die unsterblichen Obelisken Ägyptens, Mainz 1982

93 Vgl. L. Habachi (siehe Anm. 34), Sp. 634

94 W. R. Dawson/E. P. Uphill, Who

was who in Egyptology, London[2] 1972, S. 257

95 Vgl. J. Assmann (siehe Anm. 7), Nr. 237

96 Kitchen, Inscriptions II, S. 355, 6 bis 356, 13

97 Kitchen, Inscriptions II, S. 356, 356, 13–357, 10

98 Kitchen, Inscriptions II, S. 359, 4 bis 360, 5

99 Zum Hethiterkönig Muwatallis vgl. A. Spalinger, in: LÄ IV, Sp. 272 bis 273, Stichwort «Muwatallis»

100 Kitchen, Inscriptions II, S. 1, 9

101 Vgl. W. Helck, Die Beziehungen Ägyptens zu Vorderasien im 3. und 2. Jahrtausend v. Chr., Wiesbaden [2]1971, S. 194

102 Zum militärischen Vorgehen, zum Verlauf der Schlacht und zur Überlieferung vgl. A. Kuschke, in: LÄ V, Sp. 31–37, Stichwort «Qadesch-Schlacht»; T. von der Way, Die Textüberlieferung Ramses' II. zur Qadeš-Schlacht, Analyse und Struktur, Hildesheim 1984

103 Vgl. W. Wolf, Die Bewaffnung des altägyptischen Heeres, Leipzig 1926; A. R. Schulman, Military Rank, Title, and Organisation in the Egyptian New Kingdom, Berlin 1964

104 Kitchen, Inscriptions II, S. 102, 2 bis 103, 6

105 Kitchen, Inscriptions II, S. 104, 1 bis 105, 15

106 Kitchen, Inscriptions II, S. 108, 1–10

107 Kitchen, Inscriptions II, S. 108, 11 bis 119, 5 (ohne Aufzählung der einzelnen Länder, die zum Gefolge des Muwatallis gehörten)

108 Kitchen, Inscriptions II, S. 96, 1 bis 98, 9

109 Vgl. W. Helck (siehe Anm. 101), S. 207

110 Kitchen, Inscriptions II, S. 120, 6 bis 122, 10 und 123, 9–123, 15

111 Zitiert nach der Übersetzung von

E. Hornung, Gesänge vom Nil, Zürich 1990, S. 143 f.

112 Zitiert nach E. Brunner-Traut, Altägyptische Märchen, Düsseldorf [8] 1989, S. 8

113 Auf die wichtige Bedeutung der Schlachtbilder von Kadesch als Signale des Friedens weisen J. Assmann, Krieg und Frieden im alten Ägypten: Ramses II. und die Schlacht von Kadesch, mannheimer forum 83/84, 1983, S. 175–231, und E. Hornung, Der Geist der Pharaonenzeit, Zürich 1989, S. 29–31, nachdrücklich hin

114 Vgl. K. A. Kitchen, Pharaoh Triumphant, the life and times of Ramesses II, Warminster 1982, S. 67 f.

115 Vgl. R. Giveon, in: LÄ I, Sp. 471 bis 472, Stichwort «Askalon»

116 Vgl. K. A. Kitchen, Some New Light on the Asiatic Wars of Ramesses II, in: Journal of Egyptian Archaeology 50, 1964, S. 47–52

117 Vgl. W. Helck, in: LÄ II, Sp. 1053, Stichwort «Hattusilis»

118 Vgl. W. Helck, in: LÄ VI, Sp. 872 bis 873, Stichwort «Urhitesup»

119 Kitchen, Inscriptions II, S. 170–176

120 Kitchen, Inscriptions II, S. 174, 10 bis 175, 12 übersetzt z. B. bei J. H. Breasted, Ancient Records of Egypt, Bd. 3, New York 1962 (Nachdruck der Ausgabe von 1906), § 365

121 Kitchen, Inscriptions III, S. 69–73

122 Vgl. W. Helck, Urhi-Tesup in Ägypten, in: Journal of Cuneiform Studies 17 (1963), S. 87–97

123 Vgl. M. B. Rowton, The Background of the Treaty between Ramesses II and Hattusilis III, in: Journal of Cuneiform Studies 13 (1959), S. 1–11

124 Der Vertrag ist oft übersetzt worden, z. B.: G. Roeder, Ägypter und Hethiter, Leipzig 1919; St. Langdon/A. H. Gardiner, The Treaty of

Alliance between Hattusili, King of the Hittites, and the Pharaoh Ramesses II of Egypt, in: Journal of Egyptian Archaeology 6 (1920), S. 179–205; W. Wolf, Das alte Ägypten, München 1971, S. 211 bis 213

125 Kitchen, Inscriptions II, S. 227, 11 bis 14

126 Kitchen, Inscriptions II, S. 231, 12 bis 232, 2

127 Vier Jahreszeiten, 1778

128 E. Edel, in: LÄ III, Sp. 482–485, Stichwort «Königsbriefe»; derselbe, Die Rolle der Königinnen in der ägyptisch-hethitischen Korrespondenz von Bogazköy, in: Zeitschrift für Indogermanistik und allgemeine Sprachwissenschaft 60, 1949, S. 72–85; derselbe, KUB III, 63. Ein Brief aus der Heiratskorrespondenz Ramses' II., in: Jahrbuch für Kleinasiatische Forschung 2, 1952, S. 262–273; derselbe, Weitere Briefe aus der Heiratskorrespondenz Ramses' II.; KUB III 37 + KBo I, 17 und KUB 57, in: Geschichte und Altes Testament, Tübingen 1953, S. 29–63; derselbe, Ägyptische Ärzte und ägyptische Medizin am hethitischen Königshof. Neue Funde von Keilschriftbriefen Ramses' II. aus Bogazköy, (herausgegeben von der Rheinisch-Westfälischen Akademie der Wissenschaften, Vorträge G 205), Opladen 1976; derselbe, Zwei Originalbriefe der Königsmutter Tuja in Keilschrift, in: Studien zur Altägyptischen Kultur 1, 1974, S. 105–140; derselbe, Der Brief des ägyptischen Wesirs Pasijara an den Hethiterkönig Hattusilis und verwandte Keilschriftbriefe (Nachrichten der Akademie der Wissenschaften in Göttingen Nr. 4), Göttingen 1978

129 Zitiert nach E. Edel, Der Brief des ägyptischen Wesirs (siehe Anm. 128), S. 149

130 Zitiert nach E. Edel (siehe Anm. 129), S. 131 f.

131 Vgl. H. Otten, Puduhepa, Mainz 1975

132 Zitiert nach E. Edel, Weitere Briefe aus der Heiratskorrespondenz (siehe Anm. 128), S. 34 (C)

133 Zitiert nach E. Edel, Weitere Briefe (siehe Anm. 128), S. 34 (D und D')

134 Zitiert nach E. Edel, Weitere Briefe (siehe Anm. 128), S. 34 (E)

135 Abb. der Stele: S. Curto, Nubien, München 1966, Abb. 196; der hieroglyphische Text bei Kitchen, Inscriptions II, S. 233–256 (lange Version) und S. 256 f. (kurze Version). Zum hethitischen Namen der Braut: Bibliotheca Orientalis 46, 1989, S. 660, Anm. 13; Ramses II. hat später noch eine «andere Tochter» des Hethiterkönigs geheiratet (vgl. Kitchen, Inscriptions II, S. 282–284), deren Name aber nicht genannt wird

136 Kitchen, Inscriptions II, S. 247, 1 bis 12 und 248, 1–9

137 Vgl. K. Bittel, Hattuscha Hauptstadt der Hethiter, Köln 1983, S. 176

138 Vgl. K. A. Kitchen (siehe Anm. 114), S. 91

139 Vgl. O. Braun-Falco/G. Plewig/H. H. Wolff, Dermatologie und Venerologie, Berlin/Heidelberg/New York/Tokio [3]1984, S. 557 und 812

140 Zitiert nach E. Edel, Weitere Briefe (siehe Anm. 128), S. 54 f.

141 Vgl. H. de Meulenaere, in: LÄ I, Sp. 455–459, Stichwort «Arzt»

142 Zitiert nach E. Edel, Ägyptische Ärzte (siehe Anm. 129), S. 69 f.

143 Zitiert nach E. Edel (siehe Anm. 142), S. 70

144 Kitchen, Inscriptions II, S. 361, 11 bis 14, 361, 15, 362, 1–3

145 Vgl. M. Gutgesell, in: LÄ VI, Sp. 82–84, Stichwort «Streik»

146 Vgl. Anm. 27

147 H. A. Gardiner, Late-Egyptian Miscellanies, Brüssel 1937 (Biblio-

theca Aegyptiaca VII), S. 12, 7 bis 14

148 H. A. Gardiner (siehe Anm. 147), S. 28, 10–15

149 H. A. Gardiner (siehe Anm. 147), S. 21, 10–22, 5

150 Vgl. H. Sourouzian, Standing royal colossi of the Middle Kingdom reused by Ramesses II, in: Mitteilungen des Deutschen Archäologischen Instituts, Abteilung Kairo, 44, 1988, S. 229–254

151 Porter/Moss VII, S. 95 bis 119; Chr. Desroches-Noblecourt/Ch. Kuentz, Le petit Temple d' Abou-Simble, 2 Bde., Kairo 1968; E. Otto, in: LÄ I, Sp. 25–27, Stichwort «Abu Simbel»

152 J. L. Burckhardt, Entdeckungen in Nubien 1813–1814 (hg. von H. Arndt), Tübingen 1981, S. 110

153 Vgl. D. Wildung, in: LÄ II, Sp. 161 bis 167, Stichwort «Felstempel»

154 Zum Titel Truchseß vgl.: B. Schmitz, in: LÄ VI, Sp. 771–772, Stichwort «Truchseß»

155 Kitchen, Inscriptions III, S. 203 f.

156 Die Göttin Hathor war die angesehenste und vielschichtigste Göttin des ägyptischen Pantheons; vgl. F. Daumas, in: LÄ II, Sp. 1024–1033, Stichwort «Hathor»

157 Chr. Desroches-Noblecourt/G. Gerster, Die Welt rettet Abu Simbel, Wien/Berlin 1968

158 Zu Chaemwese ausführlich F. Gomaà (siehe Anm. 83); derselbe, in: LÄ I, Sp. 897–898

159 Zum Apiskult vgl. Th. Hopfner, Der Tierkult der alten Ägypter nach den griechisch-römischen Berichten und den wichtigeren Denkmälern, Wien 1913; E. Otto, Beiträge zur Geschichte der Stierkulte in Ägypten, Leipzig 1938; J. Vercoutter, in: LÄ I, Sp. 338–350, Stichwort «Apis»; E. Winter, Der Apiskult im Alten Ägypten, Mainz 1978

160 Zum Serapeum: W. Wolf, Funde (siehe Anm. 2), S. 256–267; J. Vercoutter, in: LÄ V, Sp. 868–870, Stichwort «Serapeum» (mit zahlreichen Literaturhinweisen); J.-Ph. Lauer, Saqqara, Die Königsgräber von Memphis, Bergisch Gladbach 1977, S. 22–30; die Abfolge der heiligen Stiere bietet zugleich auch eine Stütze für die Chronologie des Alten Ägypten

161 Kitchen, Inscriptions II, S. 370, 4

162 Vgl. J.-Ph. Lauer (siehe Anm. 160), S. 27

163 Vgl. E. Bresciani, in: LÄ I, Sp. 899 bis 901, Stichwort «Chaemwese-Erzählungen»

164 Vgl. K. Martin, in: LÄ V. Sp. 782 bis 790, Stichwort «Sedfest» (mit zahlreichen Literaturhinweisen)

165 Kitchen, Inscriptions II, S. 377, 14 bis 15

166 Vgl. E. Hornung/ E. Staehelin, Studien zum Sedfest, Genf 1974, S. 81

167 Vgl. Kitchen, Inscriptions II, S. 398

168 Eine Stele im Oriental Institute, Chicago (Nr. 10507), zeigt links König Sethos I., gefolgt von Prinz Ramses. Auf der rechten opfern Amunwahsu und sein Sohn Tia. Text bei Kitchen, Inscriptions I, S. 320. Das Grab von Tia und Tia wurde von G. T. Martin in Sakkara entdeckt: G. T. Martin, The Hidden Tombs of Memphis. New Discoveries from the Time of Tutankhamun and Ramesses the Great, London 1991, S. 101–115

169 Vgl. W. Helck (siehe Anm. 39), S. 313

170 Kitchen, Inscriptions I, S. 299, 10–12

171 Eine Stele aus Der el-Medineh zeigt den Schreiber Ramose und den Vezir Paser vor Ramses II. bei einer Inspektion in Theben-West. Vgl. K. A. Kitchen (siehe Anm. 114), S. 195, Abb. 61

172 Hieratische Papyrus aus den Königlichen Museen zu Berlin, Bd. 3, Leipzig 1911, Taf. 32 (P 11238 Z 3)

173 Vgl. B. Schmitz, in: LÄ V, Sp. 907 bis 908, Stichwort «Setau»

174 Die Stele ist von W. Helck, in: Studien zur Altägyptischen Kultur 3 (1975), S. 85–112, ausführlich behandelt

175 W. Helck (siehe Anm. 174), S. 90

176 Kairo Museum 42155 (veröffentlicht von G. Legrain, Statues et statuettes des rois et de particuliers, 3 Bde., Kairo 1906–1914, Bd. 2, S. 21–23) und Staatliche Sammlung Ägyptischer Kunst Nr. Gl WAF. 38 (veröffentlicht von M. Plantikow-Münster, in: Zeitschrift für Ägyptische Sprache und Altertumskunde 95, 1969, S. 117–135)

177 Vgl. W. Helck, in: LÄ IV, Sp. 1084 bis 1097, Stichwort «Priester, Priesterorganisation, Priestertitel»

178 Zitiert nach L. Habachi (siehe Anm. 92), S. 132

179 Vgl. M. L. Bierbrier, The Late New Kingdom in Egypt (c. 1300–664 B. C.), Warminster 1975, S. 2 (genealogische Darstellung der Familie von der 19. Dynastie bis zum Ende des Neuen Reiches)

180 Vgl. K. A. Kitchen (siehe Anm. 114), S. 126

181 Zur Laufbahn des Urchia: Kitchen, Inscriptions III, S. 237 (dort belegt als Generalissimus) und S. 191–195 (betrifft seine Tätigkeit als hoher Verwaltungsbeamter)

182 Vgl. W. Helck, in: LÄ III, Sp. 275, Stichwort «Jupa»; der Text des Briefzitats bei A. H. Gardiner (siehe Anm. 147), S. 78, 6–7

183 Die Kinder Israels stellten innerhalb der Bevölkerung Ägyptens nur eine kleine Minderheit dar, vgl. z. B. J. Yoyotte, in: Lexikon der Ägyptischen Kultur, München/Zürich 1960, S. 67, Stichwort «Exodus». In diesem Zusammenhang ist es vielleicht bemerkenswert, daß in der Bibel das Wort «Ägypten» 680mal erwähnt wird, während ägyptische Texte «Israel» nur einmal nennen

184 Vgl. M. Noth, Überlieferungsgeschichte des Pentateuch, Darmstadt ³1966

185 Kitchen, Inscriptions IV, S. 12–19 (die zitierte Stelle: S. 19, 7)

186 Wörtlich heißt die Stelle: «Israel liegt brach und hat keinen Samen mehr.» Das Wort «prt» = Samen beinhaltet auch die Bedeutung «Nachkommen»; vgl. Wb I, S. 531

187 Vgl. z. B. K. A. Kitchen (siehe Anm. 114), S. 70 f.

188 Selbst wenn man einen historischen Kern in der Moses-Überlieferung annimmt, so ist die Figur weder durch historische Tatsachen noch durch archäologische Funde zu belegen, vgl. A. Cornfeld/A. J. Botterweck, Die Bibel und ihre Welt. Eine Enzyklopädie, 6 Bde., München 1972, speziell Bd. 4, S. 1004–1006; K. Deschner, Kriminalgeschichte des Christentums, Bd. 3, Reinbek 1990, S. 40–49; J. Ebach, in: LÄ IV, Sp. 210–211, Stichwort «Mose»

189 Vgl. P. Montet, Das alte Ägypten und die Bibel, Zürich 1960, S. 57 bis 61

190 Vgl. A. H. Gardiner, Geschichte des Alten Ägypten, Stuttgart 1965, S. 170 f.

191 Dazu: M. Bocian, Lexikon der Biblischen Personen. Mit ihrem Fortleben in Judentum, Christentum, Islam, Dichtung, Musik und Kunst, Stuttgart 1989, S. 374–389

192 J. Wellhausen, Israelitische und Jüdische Geschichte, Berlin ⁹1958, S. 27

193 A. Eggebrecht, Meine Weltliteratur, Bonn 1985, S. 30

194 Vgl. z. B. E. Hornung, Grundzüge der Ägyptischen Geschichte, Darmstadt ²1978, S. 109

195 Kitchen, Inscriptions VI, S. 19, 11 bis 16

Zeittafel

Die Zeittafel richtet sich nach der Chronologie von Rolf Krauss (Ägyptisches Museum Berlin, Mainz 1983, S. 84–88)

1304/03   Der spätere König Ramses II. wird als Sohn des Generals und Chefs der Streitwagentruppe Sethos und seiner Gemahlin Tuia vermutlich in Memphis geboren. Sein Großvater Paramses ist «Erbprinz» und «Vezir» des Königreichs

1292   Paramses besteigt nach dem Tode des Königs Haremhab als Ramses I. den Pharaonenthron und begründet damit das Herrscherhaus der 19. Dynastie. Zum Kronprinzen ernennt er seinen Sohn Sethos

1290   Ramses I. stirbt. Sethos I. wird König. Er bestimmt den Offizier Mehi als Thronerben

1282/80   Sethos erhebt seinen Sohn Ramses zum Kronprinzen

1279/78   Sethos I. stirbt. In Memphis findet die Thronbesteigung Ramses' II. statt. Amunherchepeschef wird als Erbe eingesetzt. «Große königliche Gemahlinnen» sind die Schwester des Königs, Hentmire, sowie Isisnofret und Nefertari. Geburt des späteren Königs Merenptah. Während des Opetfests in Theben wird durch ein Orakel Nebwenenef als neuer Hoherpriester des Amun eingesetzt. Vezir des Südens bleibt der von Sethos I. ernannte Paser. Zahlreiche Bauvorhaben werden in Auftrag gegeben

1277/76   Die Anbauten des Luxor-Tempels werden abgeschlossen. Der Königshof in Memphis beschließt für die Goldgewinnung in Nubien einen Brunnenbau

1276/75   1. Asienfeldzug des Königs. Die Provinz Amurru kommt wieder unter ägyptischen Einflußbereich

1275/74   2. Asienfeldzug. Der Hethiterkönig Muwatallis stellt Ramses II. eine Falle vor der Stadt Kadesch am Orontes. Mit Glück entgeht der Pharao einer totalen Niederlage

1274/69   3. bis 5. Asienfeldzug. Hekanacht wird zum Vizekönig von Nubien ernannt. Der Hethiterkönig Muwatallis stirbt, Nachfolger wird sein Sohn Urhitesup (Mursilis III.). Ramses II. gibt Memphis zugunsten von Piramesse als Hauptstadt auf

1264/63   Prinz Chaemwese wird Sempriester des Gottes Ptah von Memphis. Begräbnis eines Apis-Stiers im Serapeum von Sakkara. Hattusilis III. stürzt seinen Neffen Urhitesup vom Thron des Hethiterreichs

1262/61   Urhitesup flieht an den Hof Ramses' II.

1259/58	Abschluß eines Friedensvertrags zwischen Ägypten und dem Hethiterreich. Beginn eines regen freundschaftlichen Briefwechsels der beiden Herrscherfamilien
1256/55	Die Tempel von Abu Simbel werden fertiggestellt und eingeweiht
1255/54	Die «Große Königsgemahlin» Nefertari stirbt und wird im Tal der Königinnen beigesetzt
1253/52	Paser gibt sein Veziramt auf und übernimmt die Position des Hohenpriesters des Amun. Neuer Vezir des Südens ist Chaj
1250/49	Begräbnis eines Apis-Stiers. Chaemwese ist Hoherpriester des Ptah in Memphis. Er bereitet das erste Regierungsjubiläum seines Vaters vor, das in Memphis stattfindet
1247/46	Zweites Regierungsjubiläum Ramses' II. Die «Große Königsgemahlin» Isisnofret stirbt und wird im Tal der Könige beigesetzt
1246/45	Ramses II. heiratet die älteste Tochter des Hethiterkönigs Hattusilis III., die neben seinen eigenen Töchtern Bintanat, Meritamun und Nebettaui zur «Großen königlichen Gemahlin» erhoben wird
1244/43	Drittes Regierungsjubiläum. Kronprinz Amunherchepeschef stirbt. Neuer Erbe des Reiches wird Prinz Ramesse
1242/41	Paser stirbt in Theben. Setau wird zum Vizekönig in Nubien ernannt. Bakenchons rückt zum Hohenpriester des Amun auf
1240/39	Viertes Regierungsjubiläum
1238/37	Fünftes Regierungsjubiläum
1236/35	Einen nubischen Aufstand schlägt Vizekönig Setau nieder
1235/34	Sechstes Regierungsjubiläum. Hattusilis III. stirbt. Nachfolger als König der Hethiter wird sein Sohn Hischimi Scharma als Tuthalija IV.
1231/30	Siebtes Regierungsjubiläum
1229/28	Achtes Regierungsjubiläum. Kronprinz Ramesse stirbt. Nachfolger als Erbe des Reiches wird Chaemwese
1226/25	Neuntes Regierungsjubiläum
1225/24	Begräbnis eines Apis-Stiers. Chaemwese stirbt und wird in Sakkara beigesetzt. Neuer Kronprinz wird Merenptah
1223/22	Zehntes Regierungsjubiläum
1220/19	Elftes Regierungsjubiläum
1219/18	Zwölftes Regierungsjubiläum, das jetzt wegen des hohen Alters des Königs in der Residenzstadt Piramesse stattfindet
1217/16	Dreizehntes Regierungsjubiläum
1214/13	Vierzehntes Regierungsjubiläum
1213	Ramses II. stirbt in seiner Residenzstadt Piramesse. Merenptah besteigt den Thron

Zeugnisse

Tacitus
Darauf besichtigte Germanicus die mächtigen Ruinen des alten Theben, wo an den hohen Bauwerken noch die ägyptischen Inschriften erhalten waren, die von der einstigen Macht zeugten. Und einer von den älteren Priestern, die man aufforderte, die in einheimischer Sprache abgefaßte Inschrift zu übersetzen, gab an: es haben einst hier siebenhunderttausend Männer im wehrfähigen Alter gewohnt, und mit diesem Heer hat König Ramses Libyen, Äthiopien, Medien, Persien und Baktrien sowie das Scythenland unterworfen und alle Länder, die die Syrer, Armenier und die angrenzenden Cappadocier bewohnen, auf der einen Seite bis an das Bithynische [Pontus Euxenius], auf der anderen Seite bis an das Lycische Meer [nordöstlicher Teil des Mittelmeeres] unter seiner Herrschaft gehabt.

Annalen II, 60

Percy Bysshe Shelley
Osymandias [= gräzisierter Thronname Ramses' II.]
Einen traf ich, fern aus antikem Land
Der sprach: Zwei Beine, steinern, riesig, rumpflos
Stehn in der Wüste … Nahebei, halb im Sand
Liegt ein zerbrochenes Antlitz, dessen Runzeln
Kommandolächeln, kalter Hohn und Lauern
Erzählen, sein Bildner las die Züge gut
Die, aufgepreßt auf Totes, überdauern
Die formende Hand und das Herz, das sie trug:
Und auf dem Sockel ist dies eingemeißelt:
«Ich heiß Osymandias, Königskönig:
Seht, Mächtige, mein Werk an, und verzweifelt!»
Nichts sonst ist übrig. Rings um den Verfall
Des kolossalen Wracks, glatt, einsam, eben
Strecken sich Sande grenzenlos und kahl.

1817

Christian C. Bunsen
Ramses regierte über 66 Jahre: er ererbte vom Vater ein großes Reich und ein kriegsgeübtes und siegmutiges Kriegsheer: er eroberte oder vielmehr durchzog mit ihm südlich Nubien, nördlich Palästina und Mesopotamien, aber er hinterließ ein so erschöpftes und geschwächtes Reich und ein so zerrüttetes Haus, daß sein Sohn und Nachfolger in wenigen Jahren landesflüchtig werden mußte vor aufrüh-

rerischen Auswürflingen und Baugefangenen und vor der palästinensischen Horde, die sich mit ihnen verbündet hatte.

Ägyptens Stelle in der Weltgeschichte, 1856

Georg Ebers
Mit dem Ende Ramses' II. beginnt die Zeit des Rückganges der ägyptischen Kunst. Auch auf dem Felde des religiösen Lebens will nichts Neues mehr zur Reife gelangen.

Cicerone durch das Alte und Neue Ägypten, 1886

Hermann Schneider
Ramses II. tut nur, was die alten Könige taten, wenn er sich die Attribute der Göttlichkeit in seiner Hymne beilegen läßt. Und doch mutet uns hier alles anmaßender und verlogener an, als bei den alten. Er ist demütiger und frömmer, wenn er alle Göttlichkeit und Götter zurückführt, die ihn geschaffen oder in ihm wirken, und doch klingt seine Hymne uns wie eine Gotteslästerung ... Wenn der Gott nicht mehr als ein großer Krieger und Weltenherr, ein gütiger Hort der Ordnung und Gerechtigkeit ist, so trennt ihn wenig von dem Idealbild eines mächtigen Königs. Wenn er aber ewig und unendlich, allwissend und allgegenwärtig, allmächtig und allweise von Anfang an geworden ist, so trennt ihn eine solche Kluft vom Menschen, auch vom gewaltigsten König auf Erden, daß jede Angleichung absurd erscheint.

Kultur und Denken der Alten Ägypter, 1909

Julius Meier-Graefe
Im Neuen Reich ist Ramses II. der bedeutendste Herrscher der Zeit, der Zerstörer der Baukunst. Von da an geht es mit Unterbrechungen bergab.

Pyramide und Tempel, 1927

Emil Ludwig
Er wäre heute kaum Ramses ‹der Große› ohne diese märchenhafte Propaganda, die, wie ein moderner Diktator verrät, in der immerwährenden Wiederholung des eigenen Namens beruht. Ließen sich spätere Kaiser von klugen Priestern als Abgesandte Gottes ihrem Volk vorstellen oder von ihren Professoren als Quell der Weisheit, – was waren sie, was sind selbst die Tribunen von heute für bescheidene Männer –, verglichen mit einem König, der seine Bildsäulen in 20 Meter Höhe viermal nebeneinander aus dem Felsen schlagen läßt, dicht neben seinen Göttern!

Der Nil. Lebenslauf eines Stromes, 1935

Egon Friedell
Die Ägypter haben während ihrer ganzen späteren Geschichte in Ramses dem Zweiten das Idealbild eines großen Königs erblickt: mit ihm verglichen zu werden, war das höchste Lob, und zehn von elf Herrschern der zwanzigsten Dynastie haben sich seinen Namen beigelegt. Und doch war unter ihm Ägypten bedeutend kleiner als unter der achtzehnten Dynastie, sowohl an Umfang wie Ansehen. Von Bauten und Bildwerken hat er an der Zahl wahrscheinlich die meisten errichtet; aber das Alte Reich hat gewaltigere, das Mittlere Reich tiefere Kunstschöpfungen hervorgebracht.

Kulturgeschichte Ägyptens und des Alten Orients, 1936

Sir Alan H. Gardiner
Der traurige Ruhm, der Pharao der Bedrückung gewesen zu sein, hat schon in den Arbeiten der Ägyptologen alter Schule eine erhebliche Abschwächung erfahren, während eine keineswegs unbedeutende Minderheit von Historikern der ganzen Geschichte des Exodus äußerst skeptisch gegenübersteht. Schließlich ist durch die Bogazköy-Texte Ramses' II. Ruhm als des siegreichen Eroberers stark verblaßt. Das ändert aber nichts an der Tatsache, daß die Ereignisse seiner 67jährigen Regierung besser bekannt sind und diese Zeit mehr Interessantes bietet als jede andere gleichlange Spanne der ägyptischen Geschichte.

Geschichte des Alten Ägypten, 1962

Erik Hornung
Ramses II. hat sich in seiner 66jährigen Regierungszeit, die nur von Phiops II. an Länge übertroffen wird, zu einem Pharao der Rekorde entwickelt.

Grundzüge der Ägyptischen Geschichte, 1967

Bibliographie

1. Wissenschaftliche Hilfsmittel

Baines, J./Málek, J.: Weltatlas der Alten Kulturen: Ägypten, Geschichte, Kunst, Lebensformen (Vorwort: D. Wildung). München 1980
Beckerath, J. v.: Handbuch der ägyptischen Königsnamen. München/Berlin 1985
Dawson, R.W./Uphill, E. P.: Who was Who in Egyptology. London ²1972
Erman, A./Grapow, H.: Wörterbuch der ägyptischen Sprache (= Wb). 6 Bde. Berlin/Leipzig 1957
Gardiner, A. H.: Ancient Egyptian Onomastica. 3 Bde. Oxford 1947
Helck, W./Otto, E.: Kleines Wörterbuch der Ägyptologie. Wiesbaden 1970
Helck, W./Otto, E./Westendorf, W. (Hg.): Lexikon der Ägyptologie (= LÄ). 6 Bde. Wiesbaden 1975 ff.
Hennig, K. (Hg.): Jerusalemer Bibellexikon. Stuttgart 1990
Porter, B./Moss, R. L. B.: Topographical Bibliography of Ancient Egyptian Hieroglyphic Texts, Reliefs and Paintings (= Porter/Moss). 7 Bde. Oxford 1927–52, ²1960 ff.
Ranke, H.: Die altägyptischen Personennamen. 2 Bde. Glückstadt 1935 und 1952
Schulman, A. R.: Military Rank, Title and Organisation in the Egyptian New Kingdom. Berlin 1964
Vandier, J.: Manuel d'Archéologie Égyptienne. 5 Bde. Paris 1952–69
Wreszinski, W.: Atlas zur altägyptischen Kulturgeschichte. 3 Bde. Leipzig 1923–38

2. Archäologische und textliche Quellen

Assmann, J.: Ägyptische Hymnen und Gebete. Zürich/München 1975
Brunner, H.: Altägyptische Weisheit. Lehren für das Leben. Zürich/München 1988
Brunner-Traut, E.: Altägyptische Märchen. Düsseldorf ⁸1989
Fox, M. V.: The Song of Songs and the Ancient Egyptian Love Songs. London 1985
Gardiner, A. H.: Late-Egyptian Miscellanies. Brüssel 1937
Helck, W.: Urkunden der 18. Dynastie (= Urkunden des ägyptischen Altertums IV, 17–22). Berlin 1955–61
–: Die Ritualszenen auf der Umfassungsmauer Ramses' II. in Karnak. 2 Bde. Wiesbaden 1968
Hornung, E.: Das Totenbuch der Ägypter. Zürich/München 1979

Hornung E.: Ägyptische Unterweltsbücher. Zürich ²1984
–: Gesänge vom Nil. Dichtungen am Hof der Pharaonen. Zürich/München 1990
Kitchen, K. A.: Ramesside Inscriptions (= Kitchen, Inscriptions). 7 Bde. Oxford 1968 ff.
Schott, S.: Altägyptische Liebeslieder. Zürich 1950
Sethe, K.: Urkunden der 18. Dynastie (= Urkunden des ägyptischen Altertums IV, 1–16). Leipzig 1927–30

3. Gesamtdarstellungen der ägyptischen, nubischen und hethitischen Geschichte

Bittel, K.: Hattuscha, Hauptstadt der Hethiter. Köln 1983
Curto, S.: Nubien. Geschichte einer rätselhaften Kultur. München 1966
Eggebrecht, A.: Das Alte Ägypten. 3000 Jahre Geschichte und Kultur des Pharaonenreiches. München 1984
Gardiner, A.: Geschichte des Alten Ägypten. Stuttgart 1965
Grimal, N.: A History of Ancient Egypt. Oxford ⁹1999
Hornung, E.: Untersuchungen zur Chronologie und Geschichte des Neuen Reiches. Wiesbaden 1964
–: Grundzüge der ägyptischen Geschichte. Darmstadt ²1978
Riemschneider, M.: Die Welt der Hethiter. Stuttgart 1954
Säve-Söderbergh, T.: Ägypten und Nubien. Lund 1941
Wolf, W.: Kulturgeschichte des Alten Ägypten. Stuttgart 1962
–: Das alte Ägypten. München 1971

4. Biographien, Kurzdarstellungen etc. (Ramses II.)

Balout, L./Roubet, C.: La momie de Ramsès II (hg. vom Museum National d'Histoire Naturel – Musée de L'Homme, Paris). Paris 1985
Cimmino, F.: Ramesses II il Grande. Mailand 1984
Desroches-Noblecourt, C.: Ramses II. – Sonne Ägyptens. Die wahre Geschichte. Bergisch-Gladbach 1999
Eaton-Kraus, M.: Ramses II. In: LÄ, Bd. V, Sp. 108–114
Kitchen, K. A.: Pharaoh Triumphant. The Life and Times of Ramesses II. Warminster 1982
Schmidt, J. D.: Ramesses II. A Chronological Structure for His Reign. Baltimore/London 1973 (The Johns Hopkins University Press)
Schneider, T.: Lexikon der Pharaonen. München 1996, S. 354–362 (mit ausführlichen Literaturangaben)
Tiano, O./Coudeyre: Ramses II. und seine Zeit. Lebensbilder. Hamburg 2000

5. Ausstellungskataloge (Ramses II.)

Barbotin, Chr./Leblanc, Chr.: Les Monuments d'Éternité de Ramsès II. Nouvelles fouilles thébaines. Paris 1999
Desroches-Noblecourt, C.: Ramsès le Grand (Ausstellungskatalog Paris Galeries-Nationales du Grand Palais). Paris 1976

–: Le grand pharaon Ramsès II et son temps (Ausstellungskatalog Montréal Palais de la Civilisation). Montreal 1985

–: Ramses II and his time (Ausstellungskatalog Expo 86 Vancouver, British Columbia, Canada). Vancouver 1986

Freed, R.: Ramses II. The Great Pharaoh and his time (Denver Museum of Natural History). Memphis 1987

L'Égypte au temps de Ramsès II. La Documentation Photographique, Heft Nr. 5 bis 268, Paris 1966

Sabbahy, L. K., u. a.: Ramses II (Ausstellungskatalog Jacksonville Art Museum, Florida). Jacksonville 1986

6. Spezielle Literatur zu Krieg und Frieden unter Ramses II.

Assmann, J.: Krieg und Frieden im alten Ägypten: Ramses II. und die Schlacht von Kadesch. In: «mannheimer forum» 83/84, 1983, S. 175–231

–: Ägypten. Eine Sinngeschichte. München/Wien 1996, S. 285–301

Edel, E.: KBo I 15 + 19, ein Brief Ramses' II. mit einer Schilderung der Kadešschlacht. In: «Zeitschrift für Assyriologie» 15, 1950, S. 195–212

–: Der Vertrag zwischen Ramses II. von Ägypten und Ḫattušili III. von Ḫatti. Berlin 1997

Gardiner, A. H.: The Kadesh Inscriptions of Ramesses II. Oxford 1960

Goedicke, H.: Perspectives on the Battle of Kadesh. Baltimore 1985

Kuschke, A.: Qadesch-Schlacht. In: LÄ V, Sp. 31–37

Langdon, S./Gardiner, A. H.: The Treaty of Alliance between Hattušili, King of the Hittites, and the Pharaoh Ramesses II of Egypt. In: «Journal of Egyptian Archaeology» 6, 1920, S. 179–205

Roeder, G.: Ägypter und Hethiter. Leipzig 1919

Sturm, J.: Der Hethiterkrieg Ramses' II. Wien 1939 (Wiener Zeitschrift für die Kunde des Morgenlandes, Beiheft 4)

Von der Way, T.: Die Textüberlieferung Ramses' II. zur Quadeš-Schlacht. Analyse und Struktur. Hildesheim 1984. (Hildesheimer Ägyptologische Beiträge)

7. Zur Geistesgeschichte und Religion

Assmann, J.: Re und Amun. Die Krise des polytheistischen Weltbilds im Ägypten der 18.–20. Dynastie. Fribourg-Göttingen 1983 (Orbis Biblicus et Orientalis 51)

–: Ägypten – Theologie und Frömmigkeit einer früheren Hochkultur. Stuttgart 1984

–: Ma'at. Weisheit, Staat und Unsterblichkeit im Alten Ägypten. München 1990

–: Moses der Ägypter. Entzifferung einer Gedächtnisspur. München/Wien 1998

–: Stein und Zeit. Mensch und Gesellschaft im Alten Ägypten. München 1991

Bierbrier, M. L.: The Late New Kingdom in Egypt. A Genealogical und Chronological Investigation. Warminster 1975

Bonhême, M.-A./Forgeau, A.: Pharao, Sohn der Sonne. Die Symbolik des ägyptischen Herrschers. Zürich/München 1989

Brunner, H.: Die Geburt des Gottkönigs. Studien zur Überlieferung eines altägyptischen Mythos. Wiesbaden 1964

Habachi, L.: Features of the deification of Ramesses II. Glückstadt 1969

Hodel-Hoenes, S.: Leben und Tod im Alten Ägypten. Thebanische Privatgräber des Neuen Reiches. Darmstadt 1991

Hornung, E.: Der Eine und die Vielen. Ägyptische Gottesvorstellungen. Darmstadt 1973

–: Tal der Könige. Die Ruhestätte der Pharaonen. Zürich/München 1985 (3. erw. Aufl.)

–: Der Geist der Pharaonenzeit. Zürich/München 1989

–: Die Nachtfahrt der Sonne. Eine altägyptische Beschreibung des Jenseits. Zürich/München 1991

Hornung, E./Staehelin, E.: Studien zum Sedfest. Genf 1974 (Aegyptica Helvetica I)

Keel, O.: Die Welt der altorientalischen Bildsymbolik und das Alte Testament. Zürich/Einsiedeln/Köln ⁴1984

Kees, H.: Das Priestertum im ägyptischen Staat vom Neuen Reich bis zur Spätzeit. Leiden/Köln 1953

Moursi, M.: Die Hohenpriester des Sonnengottes von der Frühzeit Ägyptens bis zum Ende des Neuen Reiches. München 1972

Wiese, A.: Zum Bild des Königs auf ägyptischen Siegelamuletten. Freiburg 1990

Wildung, D.: Die Rolle ägyptischer Könige im Bewußtsein ihrer Nachwelt. Berlin 1969 (Münchner Ägyptologische Studien 17)

8. Zur Politik und Verwaltung

Edel, E.: Der Brief des ägyptischen Wesirs Pasijara an den Hethiterkönig Hattusili und verwandte Keilschriftbriefe. Göttingen 1978 (Nachrichten der Akademie der Wissenschaft in Göttingen Nr. 4)

–: Die ägyptisch-hethitische Korrespondenz aus Boghazköi in babylonischer und hethitischer Sprache. 2 Bde. Opladen 1994

Habachi, L.: Königssohn von Kusch. In: LÄ III, Sp. 626–640

Helck, W.: Zur Verwaltung des Mittleren und Neuen Reiches. Leiden/Köln 1958

–: Die Beziehungen Ägyptens zu Vorderasien im 3. und 2. Jahrtausend v. Chr. Wiesbaden ²1971

9. Zur Kunst und Bautätigkeit

Arnold, D.: Die Tempel Ägyptens. Zürich 1992

Bierbrier, M.: The Tomb-Builders of the Pharaohs. London 1982

Bietak, M.: Ramsesstadt. In: LÄ V, Sp. 128–146

–: Avaris and Piramesse: Archaeological Exploration in the Eastern Nile Delta. London 1981

Černý, J.: A Community of Workmen at Thebes in the Ramesside Period. Kairo 1973

Christophe, L.-A.: Quelques remarques sur le Grand Temple d'Abou-Simble. In: «La Revue du Caire» 47, 1961, S. 303–333

Desroches-Noblecourt, C./Donadoni, S./Edel, E.: Grand Temple d'Abou-Simble. La bataille de Qadech. Description et inscriptions, dessins et photographies. (Centre de Documentation et d'études sur l'ancienne Égypte). Kairo 1971

Desroches-Noblecourt, D./Gerster, G.: Die Welt rettet Abu Simbel. Wien/Berlin 1968

Desroches-Noblecourt, C./Kuentz, C.: Le Petit Temple d'Abou-Simble. «Nofretari pour qui se lève le Dieu-Soleil». 1. 2. (Le Caire: Ministre de la culture. Centre de documentation et d'étude sur l'ancienne Égypte). Kairo 1968

Habachi, L.: Die unsterblichen Obelisken Ägyptens. Mainz 1982

Hayes, W.: The Scepter of Egypt. Part II: The Hyksos Period and the New Kingdom. New York ²1968

–: Glazed Tiles from a Palace of Ramesses II at Kantir. New York 1973

Hein, I.: Die Ramessidische Bautätigkeit in Nubien (Göttinger Orientforschung Bd. 22), Wiesbaden 1991

MacQuitty, W.: Abu Simbel. London 1965

Martin, G.: The Hidden Tombs of Memphis. New Discoveries from the Time of Tutankhamun and Ramesses the Great. London 1991

Reeves, N./Wilkinson, R. H.: Das Tal der Könige. Geheimnisvolles Totenreich der Pharaonen. Düsseldorf 1997

Romer, J.: Sie schufen die Königsgräber. Die Geschichte einer altägyptischen Arbeitersiedlung. München 1986

Scholz, P. O.: Abu Simbel: In Stein verewigte Herrschaftsidee. Köln 1994

Smith, S.: The Art and Architecture of Ancient Egypt. London ²1965

Uphill, E.: The Temples of Per Ramesses. Warminster 1984

10. Zur königlichen Familie

Corzo, M. A. (Hg.): Nefertari. Luce d'Egitto. Rom 1994

Edel, E.: Die Rolle der Königinnen in der ägyptisch-hethitischen Korrespondenz von Bogazköy. In: «Zeitschrift für Indogermanistik und allgemeine Sprachwissenschaft» 60, 1949, S. 72–85

–: Ein Brief aus der Heiratskorrespondenz Ramses' II. In: «Jahrbuch für Kleinasiatische Forschung» 2, 1952, S. 262–273

–: Weitere Briefe aus der Heiratskorrespondenz Ramses' II. In: Geschichte und Altes Testament, Tübingen 1953, S. 29–63

–: Zwei Originalbriefe der Königsmutter Tuja in Keilschrift. In: «Studien zur altägyptischen Kultur», 1974, S. 105–140

Goedicke, H./Thausing, G.: Nofretari. Eine Dokumentation der Wandgemälde ihres Grabes. Graz 1971

Gomaà, F.: Chaemwese, Sohn Ramses' II. und Hoherpriester von Memphis. Wiesbaden 1973

Leblanc, Chr.: Nefertari «L' aimée-de-Mout» Épouses, filles et fils de Ramsès II. (Editions du Rocher). Monaco 1999

Schmidt, H. C./Willeitner, J.: Nefertari – Gemahlin Ramses' II. Mainz 1994

Schulze, P.: Frauen im Alten Ägypten. Selbständigkeit und Gleichberechtigung im häuslichen und öffentlichen Leben. Bergisch Gladbach 1987

Weeks, K.: Ramses II. Das Totenhaus der Söhne. München 1998

11. CD-ROM

Desroches-Noblecourt, C.: Ramses II. – Die Sonne Ägyptens. 1999

Namenregister

Danksagung

Für diese Monographie wurde von Frau Dr. Regine Buxtorf umfangreiches Fotomaterial in Ägypten und in der Türkei angefertigt. Herr Prof. Dr. Rolf Bothe, Direktor des Berlin Museums, gewährte die Publikationserlaubnis eines Pastells von Lesser Ury. Ihnen beiden möchte ich für diese Hilfestellung recht herzlich danken.

Darüber hinaus wurde ich von meiner Familie tatkräftig und engagiert unterstützt.

Dem Andenken an Dr. Michel Sguaitamatti (1946–1991), Kurator der Archäologischen Sammlung der Universität Zürich, ist diese Monographie gewidmet.

Über den Autor

Dr. Hermann Schlögl, geboren 1932 in Landshut (Bayern), Studium der Germanistik und Theaterwissenschaft in München, gleichzeitig Schauspielunterricht. Langjährige aktive Bühnentätigkeit, u. a. an den Städtischen Bühnen Wuppertal und am Züricher Schauspielhaus. Ab 1971 Studium der Ägyptologie, der klassischen Archäologie und der Alten Geschichte an den Universitäten Zürich und Basel. 1979 Promotion in Basel bei Erik Hornung über das Thema «Der Gott Tatenen nach Texten und Bildern des Neuen Reiches» (erschienen in der Reihe «Orbis biblicus et orientalis», Freiburg/Göttingen 1980). Seit Wintersemester 1980/81 Lehrtätigkeit im Fach Ägyptologie an der Universität Freiburg (Schweiz). Neben Artikeln in Fachzeitschriften und dem «Lexikon der Ägyptologie» folgende größere Publikationen: «Der Sonnengott auf der Blüte», Genf 1977; «Echnaton – Tutanchamun, Fakten und Texte», Wiesbaden 1983; «Echnaton» (Rowohlt-Monographie), Reinbek 1986; «Ägyptische Totenfiguren» (Orbis biblicus et orientalis), Freiburg/Göttingen 1990.

Quellennachweis der Abbildungen

Aus: W. Wreszinski: Atlas zur altägyptischen Kulturgeschichte. Leipzig 1935: 81
Hans-Joachim Bartsch, Berlin: 131
Alle anderen Fotos wurden von Regine Buxtorf, Basel, zur Verfügung gestellt.